CW00523978

Erfolgreich in die
Selbständigkeit!

Chris Sawallisch

Inhaltsverzeichnis

4

Vorwort

Du begehrst die Selbstständigkeit oder träumst von deinem eigenen Unternehmen? Viele predigen, dass du dies tun solltest, dass du unbedingt ein passives Einkommen benötigst. Sie erzählen dir, was du dafür brauchst – dein Produkt, deine Idee. Ich hingegen spreche darüber, was konkret auf dich zukommt und wie du den Weg in die Selbstständigkeit einschlagen kannst. Dabei zeige ich dir auch auf, wie du den Schritt vom Selbstständigen zum wahren Unternehmer vollziehen kannst.

Möglicherweise taucht in deinem Kopf jetzt die Frage auf: "Hä? Aber das kann ich doch alles über ein Gründercoaching, Gründerlehrgang, Gründerschulungen erfahren." Ja und nein. Natürlich erhältst du dort viele Informationen, doch das ist in erster Linie theoretisches Wissen. Ich biete dir hier meine praktischen Erfahrungen an, liefere Tipps und teile meine gemachten Fehler mit dir – jene Fehler, die du vermeiden kannst und die dich Geld kosten könnten. Geld, das ich bereits ausgegeben habe, jedoch du nicht mehr investieren musst. Du kannst also von meinen Irrungen und Wirrungen profitieren.

Ich weise dich zudem auf potenzielle Kosten hin und zeige auf, wie du Ausgaben minimieren kannst. Selbstverständlich erläutere ich auch, woher du Kapital erhalten kannst und auf welche Weise. Daher nimm dir einfach die Zeit, lies das Buch aufmerksam durch! Und hier noch ein zusätzlicher Ratschlag: Schalte einfach dein Smartphone aus. Dies ermöglicht es dir, alles auf dich wirken zu lassen und entspannter zu sein. Vor allem wirst du dich nicht so leicht ablenken lassen.

Ich wünsche dir, viel Spaß!

Wer bin ich?

Ich bin Chris, 40 Jahre alt, und seit 2001 selbstständig. Seit 2016 trage ich stolz den Titel "Unternehmer". Mein Weg dorthin war geprägt von zahlreichen Erfahrungen, Rückschlägen und beinahe finanziellen Ruin. Du könntest nun denken: "Oh mein Gott, hat dieser Mann wirklich 15 Jahre gebraucht, um Unternehmer zu werden? Das sollte doch viel schneller gehen." Ja, du hast recht. Natürlich geht es schneller, aber meine Umgebung hat mich geprägt. Ich bin in einem Umfeld aufgewachsen, das auf Sicherheit, traditionelle Jobs und die Notwendigkeit von Stabilität pochte. Ich hatte niemanden, der mir zeigte, welche Herausforderungen auf mich warten, welche Fehler ich vermeiden sollte. All das musste ich schmerzhaft selbst lernen, und mit Schmerz meine ich finanzielle Schmerzen.

Aus diesem Grund teile ich nun meine gesammelten Erkenntnisse in diesem Kurs. Ich möchte dir, der du dieses Wissen erwerben möchtest, helfen, damit du von meinen Fehlern lernen kannst. Wenn du klug bist, vermeidest du dieselben Stolpersteine, die ich überwunden habe. So kannst du bereits jetzt eine beträchtliche Summe Geld einsparen.

Meine Selbstständigkeit begann in meiner Ausbildung, als ich Autoaufkleber auf einem Marktplatz verkaufte und rasch zum Platzhirsch wurde. Das bedeutete, dass ich einfach schauen konnte, was die anderen anboten, und die gleichen Produkte übernahm. Durch meine Ausbildung im Umgang mit dem PC und meine Programmiererfahrung konnte ich problemlos

Grafikdateien erstellen und mit einem Plotter, der die Logos ausschnitt, arbeiten. Die meiste Zeit erledigte ich dies nachts, was für meine Kunden kein Problem darstellte. Durch meine Programmierkenntnisse konnte ich sogar einen eigenen Internetshop erstellen und meine Bestellvorgänge optimieren.

Der Markt veränderte sich, und ich passte mich an, übernahm neue Trends wie Wandtattoos. Doch trotz harter Arbeit floss das Geld genauso schnell, wie es kam. Unüberlegt ließ ich den Proll raushängen, verschwendete das Geld und war in meiner Jugend und Naivität einfach dumm. Heute weiß ich es besser, doch die Vergangenheit kann ich nicht ändern. Aus dieser Erfahrung habe ich jedoch viel gelernt. Hätte ich damals finanziell und unternehmerisch klüger gehandelt, wäre ich weitaus erfolgreicher gewesen. Und das war nur die Spitze des Eisbergs.

Voraussetzungen

Es gibt einige Aspekte, die du benötigen oder mitbringen solltest. Darunter fallen persönliche Voraussetzungen und Eigenschaften. Fachliche Kompetenzen sind ebenfalls von Bedeutung. Die Familie hat für mich einen derart hohen Stellenwert, dass ich dies als separaten Punkt aufgenommen habe. Zeitmanagement, oder anders ausgedrückt, eine effektive Planung, ist von äußerster Wichtigkeit. Es wird dir dabei helfen, auch noch Freizeit für dich herauszuschlagen. Die SW-Analyse solltest du unbedingt durchführen – nimm dir dafür einfach die benötigte Zeit. Möchtest du parallel zu deinem aktuellen Beruf starten oder alles auf eine Karte setzen? Das ist eine Entscheidung, die du selbst treffen musst. Diese Fragen kann ich dir nicht beantworten. Ich kann dir den Weg aufzeigen, doch beschreiten musst du ihn selbst.

Haupt- oder nebenberuflich

Es gibt einige Punkte, die du benötigen oder mitbringen solltest. Persönliche Voraussetzungen oder Eigenschaften? Fachlich solltest du auch was beisteuern können. Die Familie ist mir so wichtig gewesen, dass ich dies als extra Punkt mit aufgenommen habe. Zeitmanagement oder anders gesagt Planung ist auch sehr, sehr wichtig. Es wird dir helfen, auch noch etwas Freizeit herauszuschlagen. Die SW-Analyse solltest du unbedingt durchführen. Nimm dir dazu einfach ein bisschen Zeit. Willst du neben deinem Beruf starten oder alles auf eine Karte setzen? Das musst du wissen. Diese Fragen kann ich dir nicht beantworten. Ich kann dir den Weg zeigen, aber beschreiten musst du ihn selbst. Wie möchtest du dein Business starten? Möchtest du deine Selbstständigkeit nebenberuflich starten oder möchtest du sie als Hauptberuf ausüben? Das musst du für dich entscheiden. Ich gebe dir einfach hier ein paar Hinweise, was auf dich zukommt, was die Unterschiede sind.

Beim nebenberuflichen Start gibt es noch einige andere Punkte, aber darauf können wir später eingehen. Nebenberuflich bedeutet ganz einfach: Du bist beispielsweise im Angestelltenverhältnis und gehst nach der Arbeit noch ganz normal einer selbstständigen Tätigkeit nach. Das bedeutet, du musst etwa 2 bis 3 Stunden zusätzlich zu deinem Arbeitstag einplanen, um in der Selbstständigkeit Erfolg zu haben oder erfolgreich zu werden. Hier hast du den entspannten Vorteil, deine Kosten minimal zu halten.

Was bedeutet minimale Kosten? Minimale Kosten heißen: Krankenversicherung, Rentenversicherung und Arbeitslosenversicherung werden für dich gezahlt. Es gibt noch einen weiteren Vorteil: Du hast ein sicheres Einkommen. Du bekommst immer, egal wie dein Geschäft läuft, trotzdem dein Gehalt. Dadurch hast du ein minimales Risiko. Allerdings, und das ist ganz, ganz wichtig, du hast einen viel höheren Zeitaufwand, weil es ist noch zusätzlich zur Arbeit. Deine Lebensqualität bekommt hier schon einen kleinen Dämpfer. Was ich eben sagte: Du musst ja ein bisschen was draufrechnen an Zeit. Also, wenn du deine neun Stunden arbeiten gehst, eventuell hast du noch ein bisschen Fahrzeit. Dann kommen noch deine 2-3 Stunden für die Selbstständigkeit on top. Das Ganze kannst du natürlich umgehen, indem du gleich deinen Job kündigst und hauptberuflich startest. Aber bevor du jetzt sofort die Kündigung schreibst, warte noch kurz ab. Erinnere dich, deine Kosten ändern sich. Du musst deine Krankenversicherung selber bezahlen. Du musst deine Rentenversicherung selber bezahlen. Du musst deine Arbeitslosenversicherung, falls du sie möchtest, selber bezahlen. Also, das sind alles Punkte. Hier musst du wirklich ganz einfach unterscheiden. Du hast den Vorteil, du kannst hier schneller durchstarten, weil du ja dann ganz einfach sagen kannst, okay, ich bin halt acht, neun Stunden bin ich dabei und kann mein Business ausführen. Du hast aber auch die Nachteile. Du hast ein viel höheres Risiko. Das musst du einfach abwägen.

Urlaub ist noch mal ein ganz anderer Punkt. Den will ich hier noch mit erwähnen. Du musst immer bedenken, wenn du nebenberuflich startest, kannst du ganz normal in den Urlaub fahren. Das ist halt möglich ohne Probleme. Du kannst dir sagen, okay, mein Business ruht. Ich kriege ja trotzdem ein Einkommen. Wenn du die ganze Geschichte hauptberuflich machst, musst du deinen Urlaub einfach planen. Wir gehen jetzt mal davon aus, solo, selbstständig. Also, du kümmerst dich komplett um alles alleine. Ja, es ist natürlich sehr schwierig, aber es ist möglich. Wenn du dann in den Urlaub gehen möchtest, musst du ganz einfach bedenken, in der Zeit kommt halt kein Geld rein, es sei denn, du hast irgendwelche Aboverträge oder sonstiges vermittelt, dann ist das etwas anderes. Aber wenn du jetzt ganz einfach eine Malerfirma hast und du kannst halt nicht in irgendeiner Art und Weise beim Kunden malern, kann dann halt auch kein Geld reinkommen. Also das musst du halt berücksichtigen bei der Selbstständigkeit.

Persönliche Voraussetzungen

Du solltest Charaktereigenschaften vorweisen können oder bereit sein, diese anzueignen. Ohne Ehrgeiz kann es nicht funktionieren. Wenn es dir egal ist, was andere über dein Produkt oder deine Dienstleistung denken, dann hast du ein Problem. Du strebst nach dem besten Produkt und der besten Dienstleistung. Nachdem du dich entschieden hast, ob du hauptberuflich oder nebenberuflich starten willst, musst du auch Opfer bringen. Dein Einsatz ist gefragt. Es ist deine Firma. Also, wenn es abends mal länger dauert, dann ist das halt so! Der Kunde zahlt die Rechnung nicht. Du brauchst aber das Geld, um Kosten zu begleichen oder Material einzukaufen. Bedenke, dass dieser Fall eintreten kann. Jetzt durchzudrehen ist der falsche Ansatz. Atme tief durch. Beruhige dich. Irgendwas wird sich schon ergeben. Telefoniere mit dem Kunden. Sprecht miteinander. Du brauchst eine gewisse Gelassenheit. Denke anders als andere. Sei kreativ. Schaue über den Tellerrand hinaus. Arbeite gewissenhaft.

"Ja, jetzt noch schnell hier und da, und, und, und. Und noch schnell. Da, aber ach, was soll schon passieren? Es geht schon. Das guckt sich weg."

Nein, das kannst du nicht machen. Du darfst dir deinen Ruf nicht durch solche Sachen ruinieren. Also, gewissenhaft. Wenn du Mitarbeiter hast, müssen diese geführt werden. Bedenke hier, es gibt die Firma und es gibt das Privatleben. Selbst wenn der Mitarbeiter auch ein guter Freund ist, kann es funktionieren. Leider zeigt die Erfahrung, dass dies oft nicht der Fall ist. Wenn die Mittagspause mal wieder um 20 Minuten überzogen wurde, verlierst du Geld und nicht dein Kumpel.

Du kannst auch auf andere Art und Weise Geld verlieren. Hier wieder ein kleiner Ausflug in meine Vergangenheit:

Wir waren auf einer Baustelle, und ein guter Kumpel von mir sollte eine Datenleitung in einem Altbau von oben nach unten verlegen. Ich war gerade woanders zugange, als plötzlich über die Baustelle brüllte: "Hier ist überall Wasser." Ja, er hatte die Hauptwasserleitung angebohrt. Ist passiert, was willst du machen? Ist er deswegen ein schlechterer Mensch? Ist er jetzt nicht mehr dein Kumpel? Du musst einfach damit leben. Es hätte dich auch treffen können. Jetzt sagst du:

"Naja, man hätte ja vorher mal gucken können."

Wenn es im Plan nicht eingezeichnet ist, dann verlässt man sich darauf. Wie gesagt, das waren noch andere Zeiten. Ja, das war dann halt einfach so. Also, was machst du? Du suchst den Absperrhahn, das Wasser wird abgedreht, und dann geht das Leben weiter. Du kannst nichts machen. Aber das ist ein Unterschied, ob man mutwillig etwas tut, ob man mutwillig beispielsweise die 20 Minuten Pause überzieht oder ob etwas aus Versehen passiert. Hier musst du einfach differenzieren, und dann ist es okay. Es kann auch mal vorkommen, dass du beispielsweise zu einer Party eingeladen bist, aber noch arbeiten musst – vielleicht noch neue Angebote schreiben oder Rechnungen. Dann kannst du vielleicht auch mal nicht hingehen, oder du kommst einfach später. Dann ist das so! Ganz ehrlich, wer das nicht respektieren kann von deinen Freunden, da sollte man wirklich überlegen, ob es denn doch Freunde sind. Feiern kann man alles noch später machen, wenn man sein Unternehmen erfolgreich aufgebaut hat.

Familie

Ich habe bereits angekündigt, dass dies ein besonderer Punkt ist, weil es mir wirklich sehr, sehr wichtig ist, über Familie zu sprechen. Wenn du eine Familie hast, sprich mit deinem Partner, deiner Partnerin, und deinen Kindern. Erkläre, dass du den Schritt in die Selbstständigkeit wagen möchtest, dass du dich selbstständig machen willst. Wie auch immer, deine Familie muss aber hinter dir stehen, oder nicht? Was bringt dir das größte Unternehmen, das meiste Geld, wenn Partner und Kinder weg sind? Du bist unglücklich, deine Kinder vermutlich auch, dein Partner ist ebenfalls unglücklich. Ein kleiner Tipp: Schau dir den Film "Eine Weihnachtsgeschichte" an, da siehst du ganz genau, was ich meine.

Ebenezer findet heraus, dass Geld das Wichtigste ist und trennt sich aus diesem Grund von seiner großen Liebe. Er wird älter, geiziger, verbitterter, aber auch reicher. Leider ist er allein. Du kannst die Zeit einfach nicht mehr zurückholen. Wenn die Familie entzweit ist, wenn die Kinder weg sind, bringt es dir nichts außer Unglück. Ja, viele werden jetzt vielleicht immer noch sagen: Geld allein ist nicht alles. Es gibt immer noch Gold, Diamanten und Edelsteine. Aber ich sage es, wie es ist: Es geht nichts über Familie. Und du bist schon reich, wenn du Essen im Kühlschrank hast, wenn du ein Dach über dem Kopf hast. So bist du schon mal 75% reicher als der Rest der Menschheit.

Was will ich damit sagen? Redet einfach miteinander. Wenn du einen großen Auftrag an Land gezogen hast und noch Material benötigst, räum bitte nicht das private Konto leer und sage nichts. Der Schuss kann auch nach hinten losgehen. In solchen Fällen gibt dir auch eine Hausbank gerne einen Kredit. Wenn du eine zweite Hypothek aufs Haus nehmen möchtest, solltest du vielleicht auch das Gespräch suchen, sonst hängt der Haussegen ruckzuck schief. Was will ich hier einfach ausdrücken? Ich will ganz knallhart sagen: Kommunikation ist einfach alles. Wenn du kurzfristig Ware finanzieren möchtest, kann ich dir noch einen Tipp geben. Schau einfach hinten beim Thema Spartipps rein. Aber ansonsten, bitte ganz, ganz wichtig: Kommunikation, Kommunikation, Kommunikation.

SW-Analyse

Diese kommt von der SWOT-Analyse wie sie allgemein bekannt ist, fokussiert normalerweise auf Stärken, Schwächen, Chancen und Risiken (Strengths, Weaknesses, Opportunities, Threats). In unserem speziellen Fall konzentrieren wir uns jedoch zunächst nur auf Stärken und Schwächen. Diese Analyse erfordert Zeit und Konzentration. Nutze dazu Zettel, Stift oder ein Tablet. Im Buch habe ich eine kleine Tabelle als Vorlage für dich erstellt.

Ich möchte, dass du dich intensiv mit deinen Schwächen auseinandersetzt und deine Stärken genau kennst. Ein Beispiel meiner Stärken ist meine Geduld, während eine meiner Schwächen meine zu große Begeisterungsfähigkeit ist. Dies zeigt sich besonders, wenn es um neue Technologien geht. Ich neige dazu, sie sofort einzusetzen, ohne darauf zu warten, dass sie ausgereift sind. Das kann zu Fehlern führen.

Ein weiteres Beispiel für eine Schwäche von mir ist meine Neigung, als "beratungsresistent" bezeichnete Personen zu unterstützen. Dies bezieht sich darauf, dass ich Freunden und Bekannten gerne Ratschläge zur Selbstständigkeit gebe. Natürlich auf Nachfrage, nicht das ich mich aufdrängen würde. Das habe ich bereits hinter mir.

Jetzt wieder ein kleiner Erfahrungsbericht:

Ein Bekannter kam zu mir und äußerte den Wunsch, sich selbstständig zu machen. Er bat mich kurz um Erklärungen zu den notwendigen Überlegungen bezüglich Ausrüstung und anderen Aspekten.

Ich riet ihm, es nicht unnötig kompliziert zu machen und stattdessen einen kostengünstigen Laserdrucker zu besorgen, der schwarz druckt, was für die meisten Anforderungen ausreichend ist. Für farbige Rechnungen empfahl ich, diese vorher in einer Druckerei zu erstellen, da dies kostengünstiger sei. Der Druckerei-Auftrag für

Briefköpfe und Co. ist im Vergleich zu den Gesamtkosten minimal. Als Beispiel schlug ich vor, etwa 1000 Briefköpfe für ungefähr 15 bis 20 Euro anfertigen zu lassen.

Zudem empfahl ich den Kauf eines kleinen Laserdruckers für etwa 100 Euro und Toner-Kartuschen für etwa 50-60 Euro, wobei ich Originaltöne bevorzugte. Ich erklärte, dass die Erstfüllung der Kartuschen in der Regel nicht sehr lange hält. Ich warnte vor dem Kauf von Tintenklecksern, da diese nicht effizient sind.

In einem Beispiel verdeutlichte ich, dass bei einem Tintenstrahldrucker nach dem Versenden einer Rechnung im Regen die Gefahr besteht, dass der Brief nass wird und die Tinte verläuft. Dies könnte zu einem unprofessionellen Eindruck führen, wenn der Kunde den Brief öffnet. Hierbei betonte ich die Wichtigkeit einer vernünftigen Druckerauswahl.

Nach zwei Monaten trafen wir uns wieder, und ich erkundigte mich nach seinem Fortschritt. Alles schien gut zu laufen, jedoch äußerte er Unzufriedenheit mit seinem Drucker, da er sich einen bunten Tintenstrahldrucker zugelegt hatte. Hier erkannte ich die Schwierigkeit, beratungsresistente Entscheidungen anderer zu akzeptieren. Obwohl ich ihm nur Ratschläge geben konnte, war es wichtig zu verstehen, dass einige Menschen lieber aus ihren eigenen Fehlern lernen möchten, selbst wenn sie dabei Geld verbrennen.

Ich erkenne dabei meine Schwäche des Perfektionismus, der in bestimmten Bereichen präsent ist. Ich lerne, dass Menschen ihre eigenen Fehler machen wollen, und ich akzeptiere das. Es hat keinen Zweck, sich darüber aufzuregen. Jeder ist für sein eigenes Glück verantwortlich. Daher ist meine Schwäche für mich keine Schwäche mehr, weil ich mich nicht mehr darüber aufrege.

Ich ermutige dich, die Analyse mit Freude anzugehen. Wenn du Schwierigkeiten hast, frage einfach deine Familie, deinen Partner oder deine Freunde. Sie kennen deine Schwächen und Stärken gut. Viel Erfolg bei der Analyse!

Stärken	Schwächen

Fachliche Voraussetzung

Fachliche Voraussetzungen sind ein essenzieller Aspekt bei der Gründung eines Unternehmens. Es ist unerlässlich zu prüfen, ob du die erforderlichen Qualifikationen für dein Business mitbringst. Ein anschauliches Beispiel: Wenn du Schwierigkeiten mit dem Umgang von Tod und Trauer hast, solltest du vielleicht kein Bestattungsunternehmen eröffnen. Hier zeigt sich, dass bestimmte Qualifikationen und emotionale Resilienz notwendig sind.

Die Überlegung ist simpel: Wenn Farben, Pinsel und das Ankleben von Details nicht in deinem Repertoire liegen, solltest du nicht in Betracht ziehen, dich als Maler oder Malerin selbstständig zu machen. Hingegen, wenn du eine fundierte Ausbildung und Erfahrung in diesem Bereich hast, öffnen sich Türen in eine vielversprechende Richtung. Die Expertise ermöglicht nicht nur eine effiziente Arbeitsweise, sondern spart auch wertvolle Zeit, die im Geschäftsbetrieb entscheidend ist.

Vor dem Start solltest du dich informieren, ob in deinem Tätigkeitsfeld eine Meisterprüfung erforderlich ist. Ein Meisterbrief kann in einigen Berufsgruppen eine Voraussetzung darstellen. Bei der Anmeldung eines Gewerbes kann es sein, dass das Gewerbeamt die Vorlage eines Meisterbriefs verlangt. Hierbei ist es wichtig zu beachten, dass die Anforderungen in dieser Hinsicht variabel sein können. Es lohnt sich, im Voraus zu prüfen, ob in deinem Bereich bestimmte Qualifikationen zwingend erforderlich sind.

Die Pflicht zur Meisterprüfung ist flexibel gestaltet und unterliegt gelegentlichen Änderungen, die möglicherweise bestimmte Berufsgruppen betreffen. Diese Flexibilität kann mitunter verwirrend sein, aber es ist ratsam, sich darüber im Klaren zu sein und gegebenenfalls auf dem Laufenden zu bleiben, um sicherzustellen, dass du die aktuellen Anforderungen erfüllst.

Zeitmanagement

Kann für Erfolg oder Misserfolg entscheidend sein. Um alles zu bewältigen und dennoch Freizeit zu haben, bedarf es einer sorgfältigen Planung des Tagesablaufs. Es mag verlockend sein zu denken, dass man sich alle Termine und Verpflichtungen im Kopf behalten kann, doch in der Realität ist das nicht praktikabel. Die Gefahr besteht darin, dass man die Übersicht verliert, selbst wenn man sich zunächst daran erinnert, den ersten Kunden zu treffen und dann zum zweiten zu gehen.

Hier kommt die Wichtigkeit eines Kalenders ins Spiel – und nein, ich meine nicht den schicken Schreibtischkalender, sondern den in deinem Smartphone. Die ständige Verfügbarkeit deines Kalenders, egal ob du auf einer Baustelle, beim Kunden oder im Auto bist, ermöglicht es dir, flexibel auf Anfragen zu reagieren. Du kannst sofort klären, wann du Zeit für Treffen hast und somit effizienter agieren.

Wenn es um Treffen geht, ist Pünktlichkeit entscheidend. Sei mindestens fünf Minuten früher vor Ort. Dies unterstreicht deine Professionalität und Respektierung der vereinbarten Zeit. Wenn unvorhergesehene Umstände eintreten und du dich verspätest, ruf rechtzeitig an, um den Kunden zu informieren. Kommunikation ist der Schlüssel, und es ist besser, proaktiv über Verzögerungen zu informieren, als dass der Kunde darauf wartet und sich möglicherweise ärgert.

Planung ist auch wichtig, wenn es um das Schreiben von Angeboten und Rechnungen geht. Plane realistisch und überschätze nicht, wie viel du an einem Tag schaffen kannst. Berücksichtige die Zeit, die du für administrative Aufgaben, Materialbeschaffung und andere Aufgaben benötigst. Vermeide, dich zu überlasten, um auch Zeit für deine Familie zu haben.

Es ist ratsam, nur einen Tag im Voraus zu planen, bis du sicher bist, wie viel du bewältigen kannst. Dann kannst du schrittweise zu einer langfristigeren Planung übergehen. Halte dich an deinen Plan, sei flexibel, wenn nötig, und tausche dich freundlich mit deinen Bekannten aus. Plane Treffen im Voraus, um Zeit für alles zu haben. Erinnere dich daran, dass effektives Zeitmanagement der Schlüssel zu einem ausgewogenen und erfolgreichen Leben als Selbstständiger ist.

Marktanalyse

Diese ist von entscheidender Bedeutung, wenn du eine Idee für deine Selbstständigkeit hast oder bereits eine Idee entwickelt hast. Es ist großartig, kreativ zu sein, aber es ist genauso wichtig zu überprüfen, ob deine Idee auf dem Markt funktionieren kann. Das bedeutet, dass du nicht nur von deiner Überzeugung ausgehen solltest, sondern auch eine gründliche Untersuchung durchführen musst.

Die Frage nach der Existenz von Konkurrenz und deiner Zielgruppe ist entscheidend. Es geht darum zu verstehen, ob es überhaupt einen Markt für dein Produkt oder deine Dienstleistung gibt. Es nützt wenig, wenn du von deinem Produkt überzeugt bist, aber gleichzeitig der Einzige bist, der an dieses Bedürfnis glaubt. Es ist wichtig, den Markt zu finden, doch genauso relevant ist die Größe des Marktes. Wenn der Markt zu klein ist, könntest du gezwungen sein, dein Produkt zu einem überhöhten Preis anzubieten, um die Kosten zu decken.

Nehmen wir das Beispiel von Laborgeräten in bestimmten Analysenverfahren. Es gibt vielleicht nur ein oder zwei Hersteller, aber die Nachfrage beschränkt sich auf 100 oder 1000 Einheiten. In diesem Fall könntest du mit einer sorgfältigen Werbestrategie dennoch erfolgreich sein, allerdings erfordert es einen höheren Aufwand.

Nachdem du deine Idee gefunden hast, geht es darum zu analysieren, ob es sich um ein Massenprodukt, eine Massendienstleistung oder eher um ein Nischenprodukt handelt. Ein Reinigungsmittel mit umweltfreundlichen Eigenschaften könnte beispielsweise ein Massenprodukt sein, da es von vielen Menschen genutzt werden kann. Im Gegensatz dazu könnte ein Produkt für Imker, das die Honigernte erleichtert, eher eine Nische ansprechen.

Dieser Analyseprozess gilt ebenso für Dienstleistungen. Wenn du beispielsweise ein innovatives Laborgerät für die Blutanalyse entwickelt hast, wird deine Zielgruppe bei weitem nicht so groß sein wie die eines Zulassungsdienstes für Autos. Diese Information ist von zentraler Bedeutung für alle weiteren Aspekte deines Unternehmens, von der Definition deiner Zielgruppe bis zur Ausrichtung deiner Werbestrategie. Daher ist es entscheidend zu prüfen, ob du ein Massenprodukt oder ein Nischenprodukt anbietest.

Zielgruppe

Beginnen wir mit der Definition der Zielgruppe. Hauptzielgruppe und Nebenzielgruppe – was bedeuten diese Begriffe konkret? Hierzu ein anschauliches Beispiel: Angenommen, du hast die perfekten Lärmschutzstöpsel entwickelt. In diesem Fall wäre die Industrie deine Hauptzielgruppe, da diese in Bereichen mit Maschinenlärm wie Straßenbau oder Produktionshallen täglich auf Lärmschutz angewiesen ist. Die Nebenzielgruppe wären hingegen Privatpersonen, insbesondere Hobbyhandwerker, die diese Stöpsel seltener benötigen.

Die Feinheiten dieser Definition sind jedoch entscheidend. Hier sind einige Aspekte, die du berücksichtigen solltest, um deine Zielgruppe präzise zu identifizieren: Familienstand, Geschlecht, Beruf, Wohnort, Bildungsstand, Alter, Kinder, und weitere relevante Faktoren. Warum ist diese Präzision so wichtig? Je genauer du deine Zielgruppe kennst, desto gezielter und kosteneffizienter kannst du deine Marketingkampagnen gestalten.

Warum ist es von Vorteil, wenn du deine Zielgruppe klar definierst? Stell dir vor, du bist Maler – wie wir kurz besprochen hatten. Nun hast du einen bestimmten Aktionsradius, in dem du tätig sein möchtest. Wenn du beispielsweise in Hamburg ansässig bist, wäre es unwirtschaftlich, Aufträge aus München anzunehmen, insbesondere für kleine Wohnungen. Durch die genaue Definition deiner Zielgruppe weißt du, dass du deine Werbekampagnen nicht im Münchner Raum starten musst, da diese Kunden für dich nicht relevant sind.

Eine weitere essentielle Frage, die du dir stellen solltest: Würdest du selbst dein Produkt oder deine Dienstleistung in Anspruch nehmen? Auch wenn du nicht zur Zielgruppe gehörst, kannst du dich in ihre Lage versetzen. Falls dies schwierig ist, suche aktiv nach Menschen, die zur Zielgruppe gehören, und frage sie. Dies ist besonders wichtig im Bereich Business-to-Business, wenn Firmenkunden deine Zielgruppe sind. Hier kannst du Faktoren wie Unternehmensgröße, Branche und Standort als Kriterien für die Zielgruppendefinition heranziehen.

Konkurrenzanalyse:

Beginnen wir mit der grundlegenden Frage: Existiert überhaupt Konkurrenz für deine Dienstleistung oder dein Produkt? Befindet sich möglicherweise ein Marktführer unter deinen Konkurrenten? Unterscheiden sich deren Produkte von deinem? Wie gestaltet sich die Preisstruktur? Welche Werbestrategien werden von der Konkurrenz angewandt? Diese und viele weitere Fragen sollten in deiner Konkurrenzanalyse beantwortet werden.

Neben diesen Aspekten sind auch Qualitätsunterschiede zu betrachten. Bedient die Konkurrenz dieselbe Zielgruppe? Wo ist der Standort der Konkurrenz? Befindet sie sich unmittelbar in deiner Nähe (z. B. 0 bis 15 Kilometer), etwas weiter entfernt (16 bis 50 Kilometer) oder sogar deutlich weiter (51 Kilometer und mehr)? Diese Analyse erfordert Fleißarbeit, aber sie ist entscheidend.

Falls du unsicher bezüglich der Qualität bist, zögere nicht, das Produkt der Konkurrenz zu bestellen. In diesem Zusammenhang erinnere ich mich an meine erste Selbstständigkeit im Druck- und Erstellungssektor von Autoaufklebern, wie bereits erwähnt. Als Platzhirsch war ich immer auf dem neuesten Stand, was die Konkurrenz betraf. Eines Tages bemerkte ich, dass ein Konkurrent Aufkleber zu einem erheblich günstigeren Preis anbot, den ich nicht einmal annähernd erreichen konnte.

Natürlich habe ich mir die Aufkleber bestellt, um das Geheimnis zu lüften. Es stellte sich heraus, dass die Konkurrenz eine gänzlich andere, minderwertigere Folienart verwendete. Anstatt mich zu ärgern, passte ich meine Strategie an. Ich konnte nun mit Qualität werben, indem ich eine Garantie von mindestens sechs Jahren anbot – die Haltbarkeitsdauer meiner hochwertigen Aufkleber. Wenn etwas kaputtging, erhielten die Kunden ein neues Produkt.

Ich möchte euch ermutigen, bei Unsicherheiten das Produkt der Konkurrenz zu kaufen. Es könnte auch sein, dass ein Unternehmen dein Produkt als sekundäres Angebot führt – auch das ist zu prüfen. Für eine bessere Übersicht füge ich hier eine Tabelle ein.

Kunden

Der Kunde ist zweifellos von großer Bedeutung, und der Ausspruch "Der Kunde ist König" ist sicherlich nicht neu für dich. In gewissem Maße ist er auch zutreffend. Behandle deine Kunden stets mit Respekt, aber fordere auch den verdienten Respekt für deine Arbeit ein. Nur so kann eine harmonische Zusammenarbeit funktionieren.

Und nun erzähle ich dir von einer Erfahrung, die mir beinahe alles gekostet hätte.

Erfahrungsbericht:

Eine Empfehlung durch einen Kunden führte dazu, dass ich ein vielversprechendes Projekt übernahm. Nachdem ich mir das Vorhaben angesehen hatte, konnte ich direkt mit den beiden Eigentümern sprechen. Im Gespräch skizzierte ich meine Vorstellungen und präsentierte ein entsprechendes Angebot. Aufgrund mangelnder Bekanntschaft bestand ich darauf, die Materialkosten im Voraus zu erhalten. Das persönliche Treffen vor Ort ermöglichte uns, über Details zu sprechen und diese genauer zu definieren.

Im Zusammenhang mit der Vorauszahlung wurde mir dann die Frage gestellt, ob ich an ihrer Liquidität zweifeln würde. Da es sich um einen bedeutenden Auftrag handelte und ich die Kundenbindung wahren wollte, verneinte ich natürlich. Wir einigten uns, und die Projektdurchführung begann. Zwischendurch wurden zusätzliche Leistungen gewünscht, die wir in einem weiteren Angebot festhielten und auch akzeptiert wurde.

Nach Erbringung der ersten Leistungen wurden jedoch die Rechnungen nur auf Nachdruck und wiederholte Ansprachen beglichen. In meiner Naivität setzte ich die Arbeiten fort, bevor die meisten Rechnungen bezahlt waren. Das rächte sich, denn Anrufe wurden ignoriert, E-Mails unbeantwortet, und die Rechnungen blieben unbezahlt. Mein finanzieller Spielraum war erschöpft. Die Lieferanten verlangten Zahlung, und die Angestellten erwarteten ihre Löhne. Ich stand am Rande des Ruins.

Um wenigstens Benzin zu kaufen, erwog ich sogar einen Pfandkredit. Zum Glück konnte ich mich irgendwie herauswinden, aber es war nicht einfach. Letztendlich musste ich einen Kredit aufnehmen. Doch stolz kann ich sagen, dass jeder bezahlt wurde – fast jeder. Ich selbst ging dabei leer aus.

Du denkst vielleicht, der Weg zum Gericht sei der Ausweg, um dein Geld zurückzufordern. Tatsächlich wagte ich diesen Schritt, aber der Richter sah es anders als meine Anwältin. Die genaue Formulierung der Termine auf den Rechnungen hätte präziser sein sollen, so die Begründung. Ich hätte in Berufung gehen können, aber finanziell wäre das nicht machbar gewesen.

Was kannst du aus dieser Erfahrung mitnehmen? Wenn du in Vorleistung treten musst, gibt es heutzutage mehr sichere Optionen. Notaranderkonto, PayPal, Bankbürgschaft, und mehr. Es mag Gebühren kosten, aber die Kosten sind kalkulierbar. Einige dich mit dem Kunden auf Teilzahlungen, die nach Abschluss eines Bauabschnitts oder der erbrachten Dienstleistung beglichen werden. Wenn das ausbleibt, setze die Arbeiten nicht fort. Informiere dich rechtlich, ob du abgesichert bist. Das kann ein Anwalt klären, oder du nutzt kostengünstige Online-Portale, um rechtsverbindliche Informationen zu erhalten.

Überprüfe den Ruf deines Kunden und sei wachsam für Anzeichen, die ich ignoriert habe. Wenn du unsicher bist, verzichte lieber auf den Auftrag. Manche Kunden locken mit vermeintlichen Großaufträgen, doch sei vorsichtig. Begegne solchen Versprechungen höflich, aber bestimmt. Wenn du unsicher bist, ob dein Kunde die Rechnung bezahlen kann, gibt es einige Tricks, die ich gehört habe. Zum Beispiel könntest du als IT-Dienstleister bei Nichtzahlung den Computer des Kunden so programmieren, dass er sich nach einer gewissen Zeit unregelmäßig herunterfährt. Der darauf folgende Anruf des Kunden wegen technischer Probleme bietet dir die Möglichkeit, die ausstehende Rechnung anzusprechen.

Achte darauf, dass solche Maßnahmen rechtlich umstritten sind und nicht zu kriminellen Handlungen anstiften sollen. Diese Erfahrung teile ich lediglich, um dich für mögliche Fallstricke zu sensibilisieren.

Kalkulation.

Wenn Mathematik nicht zu deinen bevorzugten Fächern zählt, befindest du dich vor einer kleinen Herausforderung. Ohne eine gründliche Kalkulation wird es schwierig, wenn nicht sogar unmöglich. Welche festen Kosten hast du? Wir werfen auch einen Blick auf das Produkt, die Dienstleistung und wie du am Ende alles zusammenrechnen musst. Den Wettbewerb darfst du dabei keinesfalls vernachlässigen. Und hierbei solltest du insbesondere auf die Investitionskosten achten. Spezielle Grundstücke, Gebäude, Maschinen oder Fahrzeuge werden für dein Vorhaben benötigt. Kosten, die sich über einen längeren Zeitraum erstrecken, nennt man Investitionskosten. Diese Kosten tauchen in der Bilanz als Vermögensgegenstand auf. Vergiss jedoch nicht die Folgekosten, die, obwohl sie nicht in die Investition einfließen, dennoch berücksichtigt werden müssen. Personalkosten spielen eine entscheidende Rolle, wenn du dabei bist, dein eigenes Unternehmen aufzubauen. Zwar könntest du alles allein bewältigen, doch dann wärst du selbstständig und kein Unternehmer. Bei der Personalplanung ist es wichtig, fair zu bleiben und nicht auszubeuten. Hierzu möchte ich eine kurze Erfahrung mit einem Unternehmer teilen, der zwei bis drei Angestellte hat. Es kam vor, dass die Chefsekretärin im Urlaub war und dennoch angerufen wurde, um Dinge zu finden. Das ist meiner Meinung nach inakzeptabel. Urlaub bedeutet Entspannung und sollte respektiert werden, genauso wie Krankheit. Es kann immer vorkommen, dass Mitarbeiter krank werden. Als Chef erwartet man jedoch nicht, dass sie trotz Krankheit zur Arbeit kommen. Das bringt nichts, denn sie stecken andere an und die Arbeitsleistung ist minimal. Ein respektvoller Umgang ist hier essenziell. Lagerkosten können ebenfalls eine Rolle spielen, besonders wenn du Materialien oder ein Warenlager für den Start benötigst. Schätze die Situation realistisch ein und überschätze dich nicht. Wenn dein Lager voll ist und dein Konto leer, hast du nichts gewonnen. Hierbei kommen weitere Kosten auf dich zu, insbesondere wenn du produzierst. Diese können

Lagerkosten, Versicherungen, Mieten, Instandhaltung usw. umfassen. IT-Kosten oder auch EDV-Kosten sind ein weiterer Aspekt, der sowohl dein Leben erleichtern als auch Kopfschmerzen verursachen kann. Hierbei ist es wichtig, nicht das Erstbeste zu nehmen. Lass dir drei oder mehr Angebote erstellen, nachdem der Dienstleister deine Bedürfnisse ermittelt hat. Falls du vom Thema wenig Ahnung hast, geh bitte nicht allein los und kauf irgendetwas, denn ich habe dies bereits erlebt. Ein Kunde kaufte ein nicht zusammenpassendes Produkt einzeln, und wir mussten mit erheblichem Mehraufwand nachbessern. Diese Art von Geldverschwendung tut einfach nur weh. Meine Empfehlung für einen kleinen Einstieg in die Selbstständigkeit, insbesondere für Einpersonenfirmen, beinhaltet einen PC oder auch ein Notebook, welches nicht teuer sein muss, einen Schwarz-Weiß-Laserdrucker oder eventuell ein Multifunktionsgerät mit Fax, Kopierer und Scanner. Ja, es gibt immer noch Faxe, besonders wenn du mit Behörden kommunizieren musst. Ich gehe davon aus, dass du ein Smartphone besitzt, das du gleichzeitig als Business Phone nutzen kannst. Des Weiteren benötigst du eine Warenwirtschaftssoftware. Das wäre deine Grundausstattung. Falls du ein Auto benötigst, rechne bitte mit zusätzlichen 500€ plus den Autokosten. Diese Kosten sind einmalig, dazu kommen etwa 20€ monatlich. Bei der Kalkulation deines Produkts oder deiner Dienstleistung musst du ermitteln, was dich effektiv kostet, sprich, was du ausgeben musst, um ein fertiges Produkt zu erhalten. Wenn du beispielsweise 3D-Druck als Dienstleistung anbieten möchtest, benötigst du Material für den Drucker, Strom und eine Software. Das sind grob gesagt deine Produktkosten, wobei natürlich noch viele weitere Kosten wie Versand und Verpackung hinzukommen. Später werden wir alles genau zusammenrechnen. Diese Übersicht gibt lediglich einen kurzen Einblick. Schau dir genau an, was deine Mitbewerber anbieten und wie. Eventuell kannst du noch etwas lernen. Prüfe, ob es Unterschiede gibt. Das ist ja das, was ich euch in dem Abschnitt Konkurrenz gesagt habe. So kannst du noch deine Werbestrategie anpassen, dein Produkt verfeinern oder andere Schritte einleiten.

Finde heraus, wenn es Unterschiede gibt, welche das sind. Kannst du sie nutzen? Bietet der Mitbewerber die gleiche Qualität an oder ist sie besser oder schlechter als deine? Bestelle einfach das Produkt und denke daran, Mitbewerber sind nicht gleich Konkurrenz. Es kommen weitere Kosten auf dich zu, darunter Produktionskosten für Material und Fertigung, Vertrieb, Werbung. Möchtest du vielleicht Rabatte anbieten? Rabattaktionen? Das musst du bei der Kalkulation berücksichtigen. Vergiss die EDA-Kosten nicht. Das sind Kosten, die „eh-da" sind, wie PC, Drucker, Rechnungssoftware usw. Diese Kosten werden oft übersehen oder nicht ausreichend berücksichtigt. Der Toner des Druckers kann leer werden, und der 3D-Drucker benötigt möglicherweise eine Wartung durch einen externen Dienstleister. Du möchtest auch Gewinn aus deinem Produkt oder deiner Dienstleistung erzielen. Finanzierung. Jetzt kennst du deine Kosten, aber die Frage ist, wie finanzierst du das Ganze überhaupt? Das schauen wir uns jetzt an!

Finanzierung

Die Möglichkeiten sind vielfältig. Der einfache Weg besteht darin, über ausreichend Eigenkapital zu verfügen, um deine Selbstständigkeit umzusetzen. Der Vorteil dabei ist, dass du niemandem Rechenschaft schuldig bist und nach eigenem Ermessen handeln kannst. Eigenkapital ist schlicht das Kapital, das von den Gründern in das Unternehmen eingebracht wurde, zusammen mit dem erwirtschafteten Gewinn. Sollte das Eigenkapital nicht ausreichen, kannst du auf Fremdkapital zurückgreifen oder sogar Fördermittel für deine Selbstständigkeit in Betracht ziehen. Ein Kredit könnte notwendig sein. Die Frage dabei ist, ob es sich um einen Firmenkredit oder einen privaten Kredit handelt. Haftet die Firma oder haftest du oder dein Partner privat? Das hängt von der gewählten Gesellschaftsform ab, worauf wir später eingehen. Der Ablauf ist meist ähnlich. Wofür wird der Kredit benötigt? Banken bevorzugen Sicherheiten. Wenn der Kredit beispielsweise für Schulungen deiner Mitarbeiter verwendet werden soll, handelt es sich um ein immaterielles Wirtschaftsgut, was Banken eher kritisch betrachten, da dieses Wissen nicht direkt wiedererlangt werden kann. Wenn du privat haftest und Immobilien oder andere Wertgegenstände besitzt, könnte das als Sicherheit dienen. Wenn dein Partner zusätzlich berufstätig ist und ihr verheiratet seid, steht dem Kredit in der Regel nichts im Weg. Bei einer Kapitalgesellschaft werden Vermögenswerte wie Maschinen oder Grundstücke als Sicherheit geprüft. Wenn du Unterlagen einreichst, sorge für Pünktlichkeit und Ordnung, vermeide Flecken auf den Dokumenten und denke wie die Bank, ob du selbst einen Kredit vergeben würdest. Hinweise für kurzfristige Überbrückungen findest du unter Spartipps.

Fremdkapital, einfach ausgedrückt, ist Kapital, das nicht dir gehört. Es wird zwischen kurzfristigem, mittelfristigem und langfristigem Fremdkapital unterschieden. Die Frage ist, woher kommt das Geld und wer unterstützt dich bei deinem Vorhaben? Die Bank ist eine Möglichkeit, aber auch Investoren könnten Interesse haben. Investoren haben oft weniger strenge Anforderungen als Banken, wollen jedoch ihren Einsatz mit maximalem Gewinn und innerhalb eines festgelegten Zeitrahmens zurückbekommen. Hier ist Überzeugungskraft gefragt. Wenn du eine Deadline nicht einhalten kannst, musst du Zinsen für den Kredit zahlen, den du von der Bank bekommst. Es könnte auch erforderlich sein, mit deinem Privatvermögen zu bürgen. Alternativ kannst du dein Vorhaben Investoren vorschlagen, die zwar nicht so viele Voraussetzungen haben wie Banken, aber ihren Einsatz gewinnbringend zurückerhalten möchten. Auch hier ist eine überzeugende Argumentation gefragt. Geldgeber könnten Freunde oder Familienmitglieder sein, die dir Geld ohne oder mit wenigen Auflagen leihen möchten. Diese Option mag verlockend klingen, aber sie birgt auch Gefahren. Wenn deine Selbstständigkeit nicht wie erhofft funktioniert oder unvorhergesehene Ereignisse eintreten und du aufgeben musst, ist das geliehene Geld möglicherweise verloren. Dies könnte zu Spannungen in der Familie führen. Daher ist Vorsicht geboten, denn bei Geld hört die Freundschaft oft auf. Persönlich würde ich davon abraten.

Förderung

Wo du unbedingt einen Blick drauf werfen solltest, ist die Förderung. Es gibt Fördermittel, die zurückgezahlt werden müssen, und nicht rückzahlbare Förderung. Die Art der Förderung hängt vom jeweiligen Förderprogramm ab. Eines steht jedoch fest: Wenn du Fördermittel beantragen möchtest, solltest du dich vorab gründlich mit dem Programm auseinandersetzen. Aus eigener Erfahrung kann ich dir berichten, dass es spezifische Bedingungen gibt, an die du dich strikt halten musst. Mir sind einst einige Tausend Euro entgangen, weil ich einen Abgabetermin versäumt habe. Sei dabei geduldig, denn es kann mitunter einige Zeit dauern, bis die bewilligte Förderung auf deinem Konto landet – sei es ein Jahr, zwei Jahre, alles keine Seltenheit.

Die Förderbereiche sind vielfältig. Du kannst Förderungen in unterschiedlichen Bereichen erhalten. Hierzu zählt beispielsweise die Existenzgründerförderung. Falls du weitere Fragen hast und persönliche Unterstützung benötigst, kannst du dich an einen Unternehmensberater wenden. Ja, ich weiß, oft werden sie als Blutsauger betrachtet, die nur auf dein Geld aus sind. Ja und nein – nicht alle sind so! Es gibt, wie in jedem Bereich, schwarze Schafe, aber nicht alle sind zwangsläufig schlecht. Früher hegte auch ich Bedenken, bis ich jemanden kennenlernte, der mich äußerst kompetent unterstützte. In manchen Fällen kannst du beispielsweise Fördermittel für die Anschaffung von Maschinen und IT-Ausstattung erhalten. Du musst also nicht alles zu 100% aus eigener Tasche finanzieren. Zwar ist der Prozess vielleicht etwas umständlich – etwa das Einholen von drei Angeboten oder das Erfüllen bestimmter Auflagen –, aber rechne es für dich selbst aus. Stell dir vor, du hast Anschaffungskosten von 15.000€ oder 20.000€ (das dient nur als Beispielzahl). Nun stehen dir zwei Optionen offen: Entweder zahlst du alles aus eigener Tasche und bist in wenigen Minuten durch, oder du investierst sechs, sieben oder acht Stunden, um dich um deine

Förderung zu kümmern. In einigen Förderprogrammen sind bis zu 50% an nicht rückzahlbarer Förderung möglich. Angenommen, du hast Anschaffungskosten von 15.000€ – das bedeutet, du könntest innerhalb von zehn Stunden 7.500€ erhalten. Was ich damit sagen möchte: 10 Stunden Arbeit, 7.500€ – klingt das nicht verlockend? Ein durchaus lohnenswerter Stundensatz. Wenn du Weiterbildungen für dich oder deine Mitarbeiter benötigst, können auch diese gefördert werden. In diesem Bereich kannst du pro Mitarbeiter etwa 3.000€ pro Förderperiode erhalten. Es gibt diverse Förderprogramme, die von verschiedenen Stellen finanziert werden und von zahlreichen Faktoren abhängen. Hier ist eine individuelle Informationsbeschaffung erforderlich.

Es existieren verschiedene Fördertöpfe, darunter regionale Förderungen für deinen Landkreis oder direkt für deinen Ort. Landesförderung, beispielsweise durch die ILB in Brandenburg, kann ebenso in Betracht kommen. Zudem gibt es Förderungen von der EU, die diverse Fördertöpfe bereithält. Auch private Institutionen bieten unterschiedliche Förderungen an, und nicht zwingend muss dein Unternehmen im jeweiligen Bundesland ansässig sein. Die genauen Informationen hierzu entnimmst du dem jeweiligen Förderprogramm. Nicht zuletzt besteht die Möglichkeit, verschiedene Förderungen miteinander zu kombinieren, was bei der Antragstellung jedoch möglicherweise anzugeben ist.

Firmensitz

Wenn der Plan besteht, einen physischen Laden zu eröffnen, kristallisiert sich der Standort als die entscheidendste Wahl heraus. Die Lage beeinflusst zahlreiche Faktoren, darunter Laufkundschaft, Mietkosten und Werbeaufwendungen. Sollte dein Laden in einer abgelegenen Seitengasse verweilen, wird ein höheres Budget für Werbung erforderlich. Falls jedoch Laufkundschaft zu deiner Zielgruppe zählt, kann auch ein Ladengeschäft in einer Fußgängerzone in Betracht gezogen werden, wobei hier mit höheren Kosten zu rechnen ist. Im Fall, dass Laufkundschaft nicht zu deiner primären Zielgruppe gehört, bietet sich die Option an, außerhalb zu suchen oder – sofern möglich – in privaten Räumlichkeiten zu starten, um etwas Geld zu sparen. Jedoch sei gewarnt: Vermische nicht zu leicht Privates mit deiner Selbstständigkeit.

In Metropolen besteht die Möglichkeit, einen Briefkasten in einer gehobenen Gegend zu mieten, um den Eindruck eines etablierten Unternehmens zu vermitteln. Dabei ist jedoch zu betonen, dass diese Entscheidung vom individuellen Charakter deines Unternehmens abhängt. Verstehe mich bitte an dieser Stelle richtig – ich möchte keinesfalls nahelegen, einen Briefkasten zu mieten, um eine sogenannte Briefkastenfirma zu betreiben und fragwürdige Praktiken zu unterstützen. Nein, es geht lediglich darum, nach außen hin einen professionellen Eindruck zu hinterlassen. „Oh, das Unternehmen hat seinen Sitz an dieser Adresse. Das muss wohl eine größere Nummer sein." Einige Unternehmen legen Wert auf diesen äußeren Schein. Als zusätzliche Alternative bleibt noch das traditionelle Postfach, wobei die Wahl stark von der Natur deiner Selbstständigkeit abhängt.

Gesellschaftsform

In der Vielfalt existieren zahlreiche Gesellschaftsformen. An dieser Stelle möchte ich jedoch nur die geläufigsten vorstellen. Es wäre ebenfalls denkbar, dein Unternehmen im Ausland anzumelden – eine Ltd ist hierbei vielleicht schon in deinem Wissensspektrum. Doch diese Wahl birgt zusätzliche Implikationen, auf die ich vorerst nicht näher eingehen möchte. In Deutschland hingegen sind die prominentesten Formen die Einzelunternehmung, Personengesellschaften, GbR, OHG, UG, GmbH und AG.

Die feinen Unterschiede sowie Vor- und Nachteile werden wir gleich im Detail betrachten. Zuvor sollten jedoch einige Fragen beantwortet werden, um bestimmte Gesellschaftsformen auszuschließen.

Wer ergreift die Selbstständigkeit?

Bist du allein oder schließt du dich mit einem oder mehreren Partnern zusammen?

Möchtest du mit persönlichem Vermögen haften – sei es Haus, Boot oder Wertgegenstände – oder soll die Firma diese Haftung übernehmen?

Verfügst du über Startkapital, oder benötigst du dieses? Denn Startkapital verleiht der Firma sofortige Liquidität.

Steuern: Möchtest oder darfst du sie selbst handhaben? Dies ist ebenfalls eine Kostenfrage.

Planst du einen unmittelbaren Start, oder kannst du dich auf eine etwas längere Wartezeit einstellen? Einige Unternehmensformen erfordern die Einrichtung eines Bankkontos und den Notar, was bedeutet, dass sie einige Zeit benötigen, bis sie handlungsfähig sind.

Möchtest du einen Fantasienamen für dein Unternehmen oder spielt dies für dich keine Rolle?

Stört es dich, deine Umsätze offenzulegen?

Benötigst du möglicherweise Investoren?

Diese Fragen sollten von dir oder deinen Geschäftspartnern beantwortet werden können.

Einzelunternehmung und Personengesellschaft:

Ich bin der Überzeugung, dass die Einzelunternehmung und die Personengesellschaft die schnellsten und unkompliziertesten Wege in die Selbstständigkeit darstellen. Hierbei ist kein Startkapital erforderlich. Der Gang zum Gewerbeamt, wahlweise auch online, ermöglicht es dir, deine Vorhaben anzumelden, die entsprechenden Gebühren zu entrichten und sofort durchzustarten. Obwohl ein Firmenbankkonto nicht obligatorisch ist, würde ich dennoch die Einrichtung eines separaten Kontos empfehlen, eventuell sogar als Unterkonto deines Privatkontos. Diese Vorgehensweise ermöglicht stets einen klaren Überblick über deine Finanzen. Die Verpflichtung zur Beauftragung eines Steuerberaters entfällt ebenfalls. Zusätzlich besteht die Option, die Einzelunternehmung als Nebengewerbe oder Kleinunternehmen zu führen. Entscheidest du dich dafür, bist du jedoch nicht dazu berechtigt, Steuern auf deinen Rechnungen auszuweisen; die Umsätze teilst du lediglich dem Finanzamt mit. Eine Offenlegung ist nicht verpflichtend. Im Falle eines Kreditbedarfs gestaltet sich die Beschaffung in der Regel unkompliziert, da du persönlich haftest. Ein Nachteil besteht jedoch darin, dass im Ernstfall dein persönlicher Besitz in Gefahr ist. Falls du einen fantasievollen Firmennamen wünschst, ist diese Option bei dieser Gesellschaftsform nicht gegeben. Offiziell sind jedoch kreative Bezeichnungen wie "Lackiererin Maxi Muster Frau" oder auch ein Fantasy-Boot wie "Angela Bennett Galaxy" möglich, wobei stets der vollständige Name (Vor- und Nachname) zu verwenden ist.

Gesellschaft bürgerlichen Rechts oder kurz GbR:

Die GbR stellt eine Einzelunternehmung mit mindestens zwei Personen dar. Hierbei entstehen erneut keine hohen Gründungskosten; das Ausfüllen des Gewerbescheins vor Ort oder online, die Bezahlung der Gebühren, und schon seid ihr als Firma registriert. Ein Notar ist nicht erforderlich, jedoch sei zu bedenken: Wenn du mit einem oder mehreren Partnern zusammenarbeitest, haftet jeder persönlich mit seinem privaten Vermögen, was ein hohes Maß an Vertrauen voraussetzt. Aus Erfahrung heraus empfehle ich, einen Vertrag zu erstellen, der die Zusammenarbeit, Finanzen und andere Aspekte regelt. Typische Inhalte eines GbR-Vertrags sind beispielsweise der Gesellschaftszweck, die Einbringung von Kapital, Geschäftsführung und Vertretung, interne Haftungsverteilung, Tätigkeitsvergütung und Entnahme, Recht sowie Gewinn- und Verlustverteilung, Information und Kontrollrecht, Wettbewerbsverbot, Abtretung von Gesellschaftsanteilen, Regelungen zum Ausscheiden eines Gesellschafters, Tod eines Gesellschafters und die Abfindung. Auch hier ist ein Steuerberater nicht notwendig. Die Umsätze sind nur euch und dem Finanzamt bekannt. Bei einem Kreditantrag ergibt sich eine hohe Wahrscheinlichkeit für eine positive Entscheidung, da ihr persönlich haftet. Der Firmenname setzt sich aus den Familiennamen der Gründer zusammen, wobei der Vorname optional ist. Zusätzlich könnt ihr eine Leistungsbezeichnung oder einen Fantasienamen hinzufügen, beispielsweise "Müller und Schmidt Kunststoffe GbR" oder "Smith and Grabowski Sunset GbR".

Offene Handelsgesellschaft

Die Offene Handelsgesellschaft (OHG) stellt eine Weiterentwicklung der GbR dar, wobei sich einige Aspekte ändern. Hier besteht nun eine Bilanzierungspflicht, und die Einbindung eines Steuerberaters wird erforderlich. Eine alternative Sparoption besteht darin, einen Buchhaltungsdienstleister zu nutzen, wie im Abschnitt Spartipps erläutert. Der Jahresabschluss kann entweder durch einen Steuerberater erfolgen oder, sofern man über das nötige Know-how verfügt, selbst durchgeführt werden. Letzteres ist jedoch nur zu empfehlen, wenn man genau weiß, was man tut. Die OHG erlaubt die Nutzung eines Fantasienamens, vorausgesetzt, die Bezeichnung "Oak" ist im Namen enthalten. Hierbei sollte jedoch das Recht Dritter nicht verletzt werden. Microsoft Oak oder Apple Oak wären somit keine geeigneten Bezeichnungen. Ansonsten bleibt die Haftung aller Gesellschafter mit ihrem Privatvermögen bestehen, und ein Startkapital ist weiterhin nicht erforderlich.

Unternehmergesellschaft, kurz UG

Die Unternehmergesellschaft, auch bekannt als Mini GmbH, repräsentiert eine Kapitalgesellschaft mit beschränkter Haftung. Das Startkapital oder Stammkapital beträgt minimal 1€, jedoch wird dringend davon abgeraten, diese Minimalgrenze zu wählen, da bereits die Rechnung des Notars die UG in Konkurs führen könnte. Die Außenwirkung der UG ist ohnehin grenzwertig, und die Wahl eines minimalen Stammkapitals verschärft diese Wahrnehmung. Die Gründung gestaltet sich nicht unkompliziert; ein Notarbesuch und die Eröffnung eines Firmenkontos. Der Jahresabschluss kann wiederum durch einen Steuerberater erfolgen oder, bei entsprechendem Know-how, selbst durchgeführt werden. Die Veröffentlichung der Umsätze ist obligatorisch, sodass jeder Einblick in die finanzielle Entwicklung erhält. Bei Verwendung des Musterprotokolls für die Gründung sind die Gesellschafter auf maximal drei beschränkt, und es darf nur ein Geschäftsführer ernannt werden. Der Firmenname wird vor der Gründung von der Industrie- und Handelskammer geprüft und erscheint mit dem Zusatz "Unternehmergesellschaft haftungsbeschränkt" im offiziellen Register. Eine Abkürzung auf "UG" ist zulässig, während die Verwendung von "HB" (haftungsbeschränkt) als Zusatz umstritten ist und gerichtlicher Klärung bedarf. Die Erlangung eines Kredits gestaltet sich bei dieser Gesellschaftsform äußerst schwierig, weshalb die Übernahme einer Bürgschaft für das Unternehmen in Erwägung gezogen werden sollte. Insgesamt sind die UGs in der öffentlichen Wahrnehmung tendenziell negativ belegt, jedoch können sie als Holding durchaus sinnvoll sein. Bei Interesse am Thema Holding stehe ich gerne zur Verfügung.

Gesellschaft mit beschränkter Haftung

Die GmbH, allgemein bekannt und in meinen Augen die vorherrschende Gesellschaftsform auf dem Markt, genießt einen erstklassigen Ruf in der Geschäftswelt. Um eine GmbH zu gründen, sind 25.000€ Startkapital (Stammkapital) erforderlich. Ähnlich wie bei der UG bedarf es eines Bankkontos und eines Notars. Der Gründungsprozess dauert etwa einen Monat und erfordert die Zusammenarbeit mit einem Steuerberater, wobei sich die Kosten durch die Nutzung eines Buchhaltungsdienstleisters minimieren lassen. Eine Bilanzveröffentlichung sorgt für Transparenz, und auch hier bietet sich beim Gründungsdokument das Musterprotokoll als Sparoption an. Die Gründungskosten belaufen sich auf 3 bis 5 100€, zuzüglich des notwendigen Stammkapitals. Bei Finanzierungsbedarf seitens der Bank ist eine positive betriebswirtschaftliche Auswertung (BWA) erforderlich, um Kreditmöglichkeiten zu erleichtern. Die GmbH trägt lediglich den Zusatz GmbH im Firmennamen, welcher vor der Gründung von der Industrie- und Handelskammer überprüft wird.

Aktiengesellschaft

Die Aktiengesellschaft, kurz AG, repräsentiert ebenfalls eine Kapitalgesellschaft, wobei die Gründungskosten zwischen etwa 1.000€ - 2.000 € liegen. Hier wird neben einem Firmenbankkonto und einem Notar ein höheres Startkapital von 50.000€ benötigt. Die AG-Gründung gestaltet sich aufgrund strikter Gesetze als komplexer. Die AG setzt sich aus drei Organen zusammen: dem Vorstand, dem Aufsichtsrat und der Hauptversammlung. Der Vorstand steuert das operative Geschäft, während der Aufsichtsrat als Kontrollorgan fungiert. Die Hauptversammlung ist für die Aktionäre von Bedeutung. Die Wahl des Firmennamens ist frei, es muss jedoch der Zusatz AG im Namen vorhanden sein, zum Beispiel Lackiererei Galaxy AG. Die Offenlegung der Bilanz ist obligatorisch. Falls eine Börsennotierung in Erwägung gezogen wird, wird der Prozess noch komplexer. Wie bei der GmbH genießt auch die AG einen hervorragenden Ruf in der Geschäftswelt. Falls Interesse an einer vertieften Betrachtung der AG besteht, stehe ich gerne zur Verfügung, um detaillierter auf das Thema einzugehen.

Marketing

Ohne Marketing funktioniert es nicht. Wenn du dir ein Schild neben deine Tür schraubst und hoffst, dass die Kunden eintrudeln, kannst du gleich wieder aufhören. Du benötigst eine Strategie und etwas finanziellen Spielraum. Bevor wir jedoch mit der Werbestrategie beginnen, müssen noch einige andere Dinge geklärt werden, wie zum Beispiel dein Firmenname, dein Turm, Logo, Markenrechte. Möchtest du eine Marke aufbauen? Der Vertrieb. Dann gucken wir uns das Thema Werbung intensiver an, digital und print, zum Beispiel im digitalen Bereich: Soziale Medien, deine eigene Website, dein eigener Webshop. Als Unterpunkt hier ganz, ganz wichtig: Domain, E-Mail-Adresse. Und dann schauen wir uns doch die Klassiker an, Printwerbung, Flyer, Anzeigen. All das und noch vieles mehr schauen wir uns jetzt an!

Firmenname

Solltest du dich für eine offene Handelsgesellschaft oder eine Kapitalgesellschaft entschieden haben, kannst du dir deinen Phantasienamen ausdenken. Dieser sollte nicht mit bestehenden Firmen konkurrieren oder gleich sein. Vermeide also bitte Firmennamen wie Maikrosoft oder ERTEEL. Das provoziert, und du hast ganz schnell Post vom Anwalt im Briefkasten. Das gleiche trifft auf dein Logo zu. Nur wenn du den Haken von Nike umdrehst, ist es trotzdem noch der Haken von Nike. Diese Überlegung ist nicht immer einfach, es lohnt sich aber. Ein Beispiel: Du willst eine Firma für Transport eröffnen. Also, Schritt eins: Ein Synonymwörterbuch aufrufen, einige Synonyme herausgeschrieben. Jetzt überlege ich, ob man eventuell auch das in Englisch übersetzen kann und ob es der Markt überhaupt akzeptieren würde. Herausgekommen ist dann "Lucky Transport". Nachdem ich dann meine Standardsuchmaschine befragt habe, ist mir allerdings aufgefallen, dass es eine ähnliche Firma schon gibt. Also weiter geht's. Jetzt ist aus "Lucky Transport" "Lucky Shipping" geworden. Ich bin zufrieden. Die Domain gibt es auch noch. Alles perfekt. Hier an der Stelle: Die Domain gab es zum Zeitpunkt der Aufzeichnung noch. Durch das "Lucky" kannst du dein Logo glücklich gestalten, ein Paket mit einem glücklichen Gesicht drauf oder ein vierblättriges Kleeblatt. Da solltest du aber auch wieder aufpassen. Lass dein Logo eventuell prüfen. Vermeide im Firmennamen unrealistische Dinge oder Verwirrendes. Wenn dein Transportunternehmen nur Deutschland abdeckt, solltest du so etwas wie "global" im Namen einfach vermeiden. Der Name sollte auch zu dir passen. Unpassend wäre "Lucky Sound". Es gibt keinen Bezug zu deinem Business.

Marke

Dein Firmenname "Lucky Shipping" wurdest du gerne dir sichern lassen. Das ist nicht möglich, er besteht aus zwei zusammengesetzten Wörtern der englischen Sprache. Was du aber machen kannst, ist dein Logo sichern, sofern du eins hast. Wenn du dir gerne den Firmennamen sichern möchtest, musst du noch einmal ran. Deine Firma heißt nur "LAStasans", dann kann es möglich sein, da es sich um Phantasieworte handelt. Du solltest aber hierzu noch recherchieren. Wenn du nichts gefunden hast, ab zum Deutschen Patent und Markenamt. Ja, es geht auch online. Du musst eine Wortmarke eintragen. Drei sogenannte Klassen sind frei. Klassen sind Bereiche, diese solltest du dir vorher recherchieren. Bei einem Firmennamen würde ich zum Beispiel die 35 mitnehmen. Entscheiden musst du noch, ob es nur in Deutschland, in der EU oder weltweit eingetragen werden soll. Das ist hier ganz klar eine Kostenfrage. Die Eintragung in Deutschland kostet dich rund 300 €. Da das Deutsche Patent und Markenamt auch noch zusätzlich recherchiert, kann es passieren, wenn es etwas findet, dass deine 300 € weg sind. Deshalb solltest du vorher recherchieren.

Werbung, Digital und Print

Henry Ford sagte einmal, dass 50 % des Werbebudgets aus dem Fenster geworfen seien. Er wisse nur nicht, welche 50 %. Dieser Einsicht schließe ich mich voll und ganz an. Die Summe, die ich bereits in die Werbung gesteckt habe, in der Hoffnung, dass es durchstartet, ist schlicht unvorstellbar. Hier kannst du wirklich viel Geld sparen. Ich habe bereits die Fehler gemacht. Sei klug und lerne daraus. Wir werfen einen Blick auf die Bereiche digital, also Website und Social Media, und natürlich auch auf Print. Nein, Print ist noch nicht ausgestorben – es kommt auf das Business an! Einen Spartipp habe ich natürlich auch noch für dich. Du findest ihn im Abschnitt "Spartipps Werbung". Es werden immer Firmen auf dich zukommen, die dir Werbeangebote unterbreiten. Lass dir alles schriftlich geben. Hier ein kleiner Auszug aus einem Gespräch mit einem Werbeverkäufer: "Sie bekommen nicht nur die Werbung auf dem Fahrzeug. Dies wird auch noch pressewirksam übergeben. Alle Firmen, die sich daran beteiligt haben, werden noch zusätzlich erwähnt. Bei der Übergabe werden sie auch alle anderen Firmen kennenlernen." Ich warte heute noch auf die pressewirksame Übergabe und die Feier. Aber ich habe nichts schriftlich, und somit kann ich nicht beweisen, dass der Verkäufer mir das so versichert hat.

Website

Wenn du darüber nachdenkst, deinen eigenen Shop zu haben, benötigst du eine eigene Website. Das Thema Domains werde ich gleich noch genauer behandeln, aber zunächst einige grundlegende Überlegungen. Stress dich nicht zu sehr bezüglich deiner Webseite. Für den Anfang reicht eine sogenannte Web-Visitenkarte. Das ist eine Seite mit allen nötigen Informationen über dich und deine Selbstständigkeit. Das Schlimmste, was du tun kannst, ist die Standardwebsite deines Hostinganbieters aktiv zu lassen, mit dem Hinweis, dass hier bald eine Website entsteht. Deine Website als Web-Visitenkarte muss jedoch von Suchmaschinen gefunden werden. Das erreichst du durch Suchmaschinenoptimierung. Wenn du nicht genau weißt, wie das funktioniert, such dir eine Firma, die dich in diesem Bereich unterstützt. Hier ist ein kleiner Tipp: Das muss nicht teuer sein. Weitere Informationen dazu findest du im Abschnitt "Spartipps".

Domain und E-Mail-Adresse

Die Beispielfirma Lucky Shipping GmbH benötigt eine Domain. Zum Glück ist "Lucky Shipping" noch verfügbar, und wir können es sowohl für unseren Internetauftritt als auch für unsere Web-Visitenkarte und E-Mail-Adresse nutzen. Manchmal kann es jedoch vorkommen, dass deine gewünschte Domain bereits vergeben ist. Das ist durchaus möglich. Glücklicherweise war dies bei "Lucky Shipping" nicht der Fall. Was solltest du also tun? Vermeide es, den gesamten Firmennamen in die Domain zu packen – das ist nicht notwendig. Eine Adresse wie "Bauservice-Musterfrau-Hamburg-GmbH" .de ist beispielsweise unpraktisch, da sie ein größeres Fahrzeug erfordern würde, um die Länge der Adresse zu bewältigen. Doch das lässt sich anpassen. Wenn wir "Bauservice Musterfrau Hamburg GmbH" haben, können wir "GmbH" einfach weglassen. Eine alternative Möglichkeit wäre, auch " Bauservice-Hamburg". Eine Anpassung könnte lauten: "Bau-Hamburg24.de". Solche Überlegungen sind spontane Ideen, die mir in den Sinn kommen. Wenn die Haupt-E-Mail-Adresse der Firma etwas wie "info@luckyshipping" oder "service@luckyshipping" lautet, ist das sehr gut und sollte auch so sein.

Nun zu Dingen, die vermieden werden sollten. Hier sind einige Beispiele, die ich persönlich kenne und gesehen habe. Diese sind nicht erfunden, sondern tatsächlich vorgekommen. Adressen wie "Rolf1954@arcor.de" sollten vermieden werden, da dies nicht nur das genaue Alter verrät (und damit meine ich nicht die 1954), sondern auch wenig professionell wirkt. Auch unpassende Bezeichnungen wie "Schatzi", "Mausi" oder "Hasi" sollten vermieden werden. Solche Dinge haben in einer Geschäftsadresse nichts zu suchen. Ähnliches gilt für Adressen wie "bauservice.UweMeierinHamburg@gmail.com". Solche Adressen erfordern einen großen Transporter, weil sie schlichtweg zu lang sind. Meine Botschaft ist einfach: Denkt zweimal darüber nach. Es bringt definitiv nichts, sich eine eigene Domain zu sichern. Eine Internetseite kostet etwa 10 € pro Jahr, und entsprechend kannst du auch eine entsprechende E-Mail-Adresse erstellen. Überleg dir, welchen Eindruck du vermitteln möchtest. Was sieht besser aus: "info@luckyshipping.de" oder "Schatzi.Tobias1989@googlemail.com"?

Soziale Medien

Egal, in welcher Branche du selbstständig tätig bist, sichere dir deinen Namen in den sozialen Medien. Nach dem Motto "lieber haben und nicht brauchen als brauchen und nicht haben". Es ist äußerst ärgerlich, wenn jemand anderes deinen Namen bereits beansprucht hat. In der heutigen Zeit musst und kannst du die sozialen Medien effektiv nutzen. Allerdings sei vorsichtig – verliere dich nicht darin. Überprüfe, ob die Nutzung zu deiner Zielgruppe passt. Wenn du beispielsweise 80 % deiner Zeit in den sozialen Medien investierst, aber nur 20 % deiner potenziellen Kunden erreichst, ist das kontraproduktiv. Bei umgekehrten Verhältnissen hingegen ist es äußerst produktiv. In diesem Fall solltest du die Vernetzung deiner Konten nutzen, um Zeit zu sparen. Durch die Verknüpfung erstellst du einen Post, der automatisch auf allen Plattformen erscheint. Falls dein Firmenname bereits vergeben ist, was ärgerlich sein kann, überlege dir eine Alternative. Füge beispielsweise eine "24" oder "DE" hinzu. Die Wahl von "24" symbolisiert die Verfügbarkeit deiner Website rund um die Uhr. Auch die Verwendung von "DE" signalisiert die deutsche Funktion. Bitte beachte erneut, dass du nicht deinen privaten Account verwenden solltest. Ein Account mit dem Namen "Schnuck87" wirkt nicht besonders seriös. Trenne klar zwischen Privat- und Business-Aktivitäten.

Printwerbung

Die gute alte Printwerbung hat nach wie vor ihre Berechtigung. An manchen Orten magst du 1.000 € in digitale Werbung investieren und sie erzielt kaum Wirkung. Hingegen kannst du mit einer kleinen Anzeige oder Annonce in Printmedien die Aufmerksamkeit vieler Menschen gewinnen. Die Effektivität hängt stark von deiner Zielgruppe ab, weshalb eine präzise Definition wichtig ist. Mein persönlicher Favorit, der kostengünstig ist, sind Flyer – besonders für den Fall, dass dein Budget zu Beginn begrenzt ist. Zeitungsanzeigen können zwar teuer sein, aber sie erzielen oft gute Erfolge. Eine weitere Möglichkeit ist Straßenwerbung, bekannt durch am Straßenrand platzierte Anzeigen, meist in der Nähe von Ampeln. Diese sind kostengünstig im Verhältnis und erreichen dauerhaft Kunden. Plakatwerbung kann auch eine Option sein, aber bedenke: eins ist keins. Ein Plakat reicht nicht aus – investiere in mehrere, platziere sie strategisch und achte darauf, dass sie gut sichtbar sind. Top-Positionen sind nicht immer notwendig. Wähle eine Lage im mittelpreisigen Sektor und eine in Toplage.

Wenn du dein Geschäft eröffnest, kannst du auch direkt Firmen anschreiben. Du hast zwei Möglichkeiten, an gute Adressen zu kommen: entweder kaufst du sie ein, was Geld kostet, oder du investierst Zeit. Durchsuche Zeitungen der Region, besuche die Websites der Zeitungen und nutze deren Archive. Schreibe dir die Firmen auf, die Werbung geschaltet haben, und du erhältst Adressen. Eine solche Datenbank kannst du dann zur Eröffnung einladen. Nutze auch das Internet, um lokale Informationen zu sammeln. Visitenkarten sind eine kostengünstige Investition. Lass auf ihnen zusätzlich deinen QR-Code für XING oder LinkedIn drucken, um eine schnelle Vernetzung und den Aufbau eines starken Netzwerks zu ermöglichen.

Vertrieb

Wenn du über deine Selbstständigkeit sprichst, sei authentisch, aber vermeide übermäßiges Angeben. Es ist wichtig, für dein Unternehmen zu brennen, jedoch sollte dies in angemessenem Rahmen geschehen. Antworte auf Fragen und gib Informationen weiter, aber vermeide es, in einen zweistündigen Monolog auszubrechen, wenn nur eine kleine Frage gestellt wurde. Achte darauf, die Balance zu halten und das Interesse deines Gesprächspartners zu berücksichtigen.

Im Vertrieb können Partnerschaften mit anderen Unternehmen enorm hilfreich sein. Betrachte beispielsweise die Kooperation mit Unternehmen wie Lucky Shipping im Abschnitt "Firmenname". Wenn du dich an Unternehmen wendest, die sich auf den Transport kleinerer Güter spezialisiert haben, kann eine solche Partnerschaft zu beidseitigem Nutzen führen. Du könntest für größere Transporte zuständig sein, und wenn das Partnerunternehmen einen Auftrag an dich weiterleitet, erhält es eine Provision, während du einen neuen Kunden gewinnst. Die Dynamik kann auch umgekehrt funktionieren, je nach den Bedürfnissen und Angeboten beider Seiten.

Für den Vertrieb von Produkten gibt es verschiedene Ansätze. Du könntest über einen zentralen Einkäufer vertreiben oder es selbst anbieten. Eine suchmaschinenoptimierte Website ist entscheidend, um leichter gefunden zu werden. Zusätzlich kannst du Werbung bei Suchmaschinen und in den sozialen Medien schalten. Ein eigener Newsletter ist eine kostengünstige und effektive Möglichkeit, Kunden zu informieren und neue Angebote zu präsentieren. Nutze diese vielfältigen Vertriebsmöglichkeiten, um deine Selbstständigkeit erfolgreich voranzutreiben.

Onlineshop

Die beste Preisgestaltung findest du in deinem eigenen Onlineshop, und das aus gutem Grund. Hierbei ausgenommen sind lediglich Gutscheine von Marktplätzen. Oft genug habe ich erlebt, dass ein Produkt beispielsweise auf Ebay viel kostengünstiger angeboten wurde als in meinem eigenen Shop. Man könnte meinen, dass manche Unternehmen die anfallenden Gebühren vergessen. Es ist bemerkenswert, wenn ein Produkt über einen Marktplatz versandkostenfrei angeboten wird, während im eigenen Shop Versandkosten anfallen. Diese Diskrepanz bleibt für mich unverständlich. Warum ist mein Produkt anderswo günstiger, obwohl ich Provisionen zahlen muss, als in meinem eigenen Shop? Dieser Gedanke beschäftigt mich nach wie vor. Vielleicht kann jemand Klarheit schaffen und mir dieses Vorgehen erklären. Nur weil ich es nicht verstehe, muss es nicht zwangsläufig falsch sein. Doch für mich bedeutet es vor allem den Verlust der Provision, wenn ich die Kunden in meinem eigenen Shop habe, anstatt auf externen Plattformen.

Als Betreiber eines Onlineshops trägst du die Verantwortung für die Daten deiner Kunden und ihre Sicherheit. Es ist entscheidend, sich an gesetzliche Bestimmungen zu halten, da es Anwälte gibt, die Verstöße genau prüfen. Ein erfahrener Entwickler oder eine Agentur können dabei helfen. Die Erstellung eines Onlineshops erfordert nicht nur die Einrichtung von Impressum und Allgemeinen Geschäftsbedingungen, sondern auch die Beachtung des Widerrufsrechts. Eine sorgfältige Prüfung dieser Dokumente durch einen Anwalt ist unerlässlich.

Das Betreiben eines eigenen Onlineshops mag nicht einfach sein, doch in der Kategorie Spartipps findest du Möglichkeiten, dies effizient umzusetzen. Erinnere dich stets daran: Der beste Preis ist in deinem eigenen Shop zu finden.

Physischer Shop

Die Entscheidung für einen eigenen physischen Shop kann mitunter unverzichtbar sein, wobei die Lage hierbei von entscheidender Bedeutung ist. Sie beeinflusst nicht nur die Mietkosten, sondern auch den Bedarf an Werbung – ob wenig oder viel. Allerdings sind weitere Aspekte zu berücksichtigen. Die Einrichtung deines Ladens wird mit Kosten verbunden sein, sei es nur für Lagerregale. Möglicherweise benötigst du auch Personal, und die Frage nach der Vertretung im Krankheitsfall stellt sich. Soll der Laden dann geschlossen bleiben? Ein wichtiger Schritt ist der Abgleich der Warenbestände mit dem Onlineshop. Es ist immer ärgerlich, wenn man etwas über einen Onlineshop bestellt und es dann nicht mehr verfügbar ist. Dies lässt sich jedoch vermeiden, indem du die Bestände abgleichst. Auch hierbei gilt: Der beste Preis ist in deinem eigenen Shop zu finden.

Marktplätze

Wenn du in die Selbstständigkeit startest, solltest du die beeindruckende Reichweite der Marktplätze nutzen. Diese Reichweite zu erzielen wäre sonst nur mit erheblichem Werbebudget möglich. Die Kosten verlagern sich letztlich nur. Ob du eine beeindruckende Werbekampagne startest, um dein Produkt zu vermarkten, oder ob du die Gebühren für das Produkt auf dem Marktplatz verrechnest, kommt am Ende auf dasselbe hinaus. In diesem Fall würde ich sogar behaupten, dass der Marktplatz die weitaus bessere Option ist. Allerdings solltest du nicht alle Produkte direkt auf dem Marktplatz anbieten, sondern stattdessen auf deinen eigenen Shop verweisen. Manchmal ist es zwar verboten, direkt auf den eigenen Shop zu verweisen, aber das lässt sich subtil umgehen. Zum Beispiel könntest du schreiben: "Bitte senden Sie uns eine Email an info@luckyshipping.de." Hierbei baust du Schritt für Schritt aufeinander auf.

Du gibst die E-Mail-Adresse bekannt, beispielsweise info@luckyshipping.de, und verwiest so gleich auf deine Website. Das kannst du mit deiner privaten Adresse wie schatzi-mausi@google.com vergessen. Wenn du dann ein Produkt versendest, kannst du einen kleinen Zettel beilegen, auf dem steht: "Für die nächste Bestellung erhalten Sie in unserem Shop 5 € Rabatt." So ziehst du die Kunden auf deinen eigenen Shop. Es empfiehlt sich, zwei oder drei Produkte auf dem Marktplatz anzubieten, aber nicht alle. Dies hat den Vorteil, dass du immer präsent bist. Wenn Kunden dann in deinen eigenen Shop schauen, stellen sie fest: "Hey, das Produkt, das ich auf dem Marktplatz gefunden habe, ist sogar noch günstiger im eigenen Shop, und ich habe viel mehr Auswahl." Du hast sogar die Möglichkeit, die Kunden direkt auf deinen eigenen Shop zu ziehen. Am Anfang könntest du auch Schnäppchen anbieten und diese richtig bewerben. Dies kann als Lockangebot dienen, jedoch nur für eine begrenzte Zeit.

Preissuchmaschine

Preissuchmaschinen verlangen ebenfalls Gebühren, aber ihre Reichweite ist enorm. Was du jedoch vermeiden solltest: Wenn ich über eine Preissuchmaschine auf deinen Shop zugreife und das Produkt dort günstiger ist als direkt in deinem Onlineshop, fühle ich mich getäuscht. Diese Funktion existiert tatsächlich. Hier ist, wie es funktioniert: Du besuchst einen Internetshop, der das Produkt für 100 € anbietet. Dann gehst du zu einer Preissuchmaschine und gibst genau dieses Produkt ein. Jetzt zeigt die Preissuchmaschine einen anderen Preis von Shop A an - das gleiche Produkt für nur 80 €. Das ist wirklich so, es funktioniert, und ich kann das beweisen. Genau das ist das Problem. Persönlich fühle ich mich dann einfach unfair behandelt. Nur weil ich direkt auf deine Website gegangen bin, muss ich den vollen Preis bezahlen, während ich über eine Preissuchmaschine weniger zahlen kann. Der Grund hierfür erschließt sich nicht. Auch das Eintragen von Produkten in Suchmaschinen ist eine gute Möglichkeit, die Reichweite zu erhöhen, aber auch hier sind Gebühren im Spiel. Nach einer gewissen Zeit solltest du eine Strategie entwickeln, um die Kosten zu minimieren. In früheren Unternehmen habe ich immer den Topseller als Kampfpreisangebot beibehalten. Jeder muss für sich selbst entscheiden, in welche Richtung er gehen möchte. Ich möchte hier nur zeigen, welche Möglichkeiten du hast und welche Fallstricke du beachten musst.

Zentraleinkäufer

Hier besteht die Möglichkeit, schnell große Mengen zu verkaufen. Dies solltest du jedoch vorher sorgfältig kalkulieren. In diesem Bereich fallen Provisionen von 50 % und mehr an. Wenn du gut kalkulierst und ein Produkt hast, das sich über dieses Segment gut verkauft, kannst du in kurzer Zeit erhebliche Gewinne erzielen. Allerdings musst du erst einmal Zugang zu diesem exklusiven Kreis erhalten.

Der Versand

Bei der Versandabwicklung für dein Produkt gibt es einige wichtige Überlegungen. Der direkte Kontakt zu Versandanbietern, um möglicherweise einen Sonderdeal auszuhandeln, ist eine Option, jedoch eher unwahrscheinlich, da sie nach genauen Zahlen fragen und Fehleinschätzungen später teuer werden können. Realistische Einschätzungen sind daher entscheidend. Hol dir Angebote von verschiedenen Anbietern ein und vergleiche sie. Es gibt keinen universellen Anbieter, jeder hat seine Vor- und Nachteile. Die Abrechnung erfolgt teilweise nach Gurtmaß oder Gewicht. Wenn dein Produkt groß und leicht ist, ist das Gewicht entscheidend. Kostenloser Versand ist kundenfreundlich, aber du musst prüfen, ob du ihn in deine Produktkosten integrieren kannst. Berücksichtige alle Aspekte des Versands, wie Klebeband, Kartonwahl, Füllmaterial und mögliche Einsparungen durch alternative Verpackungsmethoden. Kleine Überlegungen können große Auswirkungen auf die Versandkosten haben. Durch genaue Kalkulation kannst du in diesem Bereich effizient Geld sparen oder unnötig verbrennen. Ein Beispiel aus meiner Erfahrung zeigt, wie durch eine überlegte Versandstrategie die Kosten erheblich gesenkt werden konnten. In einem Unternehmen, das Bänke verschickte, wurde zunächst eine Europalette für 70 € per Spedition versendet. Durch gründliche Analyse und Anpassungen konnte der Versand letztendlich auf nur 30 € durch herkömmlichen Paketversand reduziert werden – ein erheblicher Unterschied, der zeigt, wie gezielte Einsparungen möglich sind. Es kommt auf die individuellen Gegebenheiten an, und eine detaillierte Kalkulation ist unerlässlich.

Gehalt

Die Frage nach dem Gehalt erfordert eine differenzierte Betrachtung, abhängig davon, ob du in einer Kapitalgesellschaft angestellt bist oder Einzelunternehmer. In einer Kapitalgesellschaft erfolgt die Bezahlung über eine Lohnabrechnung, die bereits sämtliche Abzüge berücksichtigt. Als Einzelunternehmer hingegen wird dein Gehalt als Privatentnahme verbucht. Wichtig ist zu bedenken, dass das, was du als Gehalt bekommst, nicht gleichzusetzen ist mit dem Nettoeinkommen. Von diesem Gehalt müssen noch verschiedene Kosten abgezogen werden. Angenommen, du zahlst dir selbst 2.500 € aus, dann müssen von diesem Betrag deine Krankenversicherung, Rentenversicherung, Pflegeversicherung und andere Kosten abgehen. Erst nach diesen Abzügen erhältst du dein tatsächliches Nettoeinkommen. Diese Berechnungen sind essenziell, insbesondere bei einer Hauptselbstständigkeit. Viele irren sich in dem Glauben, dass der Stundensatz von 50 Euro direkt in die eigene Tasche fließt. Hierbei wird oft übersehen, dass von diesem Betrag noch diverse Kosten abgehen. Es ist entscheidend, diese Selbstständigkeitsdynamik zu verstehen, um realistische Berechnungen anzustellen und nicht in unrealistischen Vorstellungen von Einkommen zu verharren.

Recht

Es ist wichtig zu betonen, dass meine Äußerungen hier keine Rechtsberatung darstellen. Als Nicht-Anwalt teile ich lediglich meine Erfahrungen und mein Wissen mit dir. Wenn du einen eigenen Shop oder eine Internetseite betreibst und möglicherweise auch deine Produkte auf Marktplätzen anbietest, ist ein rechtssicheres Impressum unerlässlich. Ebenso bedarf es rechtssicherer Allgemeiner Geschäftsbedingungen und einer klaren Widerrufsbelehrung. Alles muss sorgfältig ausgearbeitet sein. Ein weiterer Aspekt ist der Widerruf, den du jedoch in bestimmten Fällen ausschließen kannst. Wenn ein Produkt speziell für einen Kunden angefertigt wurde, kann es vom Umtausch ausgeschlossen sein. Dies erfordert jedoch eine präzise Formulierung, gerne auch unter Verweis auf entsprechende Paragraphen und Gerichtsurteile. Es ist ratsam, in rechtlichen Angelegenheiten professionellen Rat von einem Anwalt einzuholen, um sicherzustellen, dass alle rechtlichen Anforderungen erfüllt werden.

Versicherungen spielen in jedem Bereich eine Rolle. Einige sollten Sie haben, andere müssen Sie haben, und einige können Sie haben. Wenn Sie im Finanzbereich tätig sind, sollten Sie über eine Vermögensschadenshaftpflicht nachdenken. Es ist ratsam, dies mit einem Versicherungsmakler zu besprechen, vorzugsweise mit jemandem, den Sie kennen.

E-Mail-Archivierung

Ja, die E-Mail-Archivierung ist keine Legende – sie ist Realität. Die Grundsätze zur ordnungsgemäßen Führung und Aufbewahrung von Büchern, Aufzeichnungen und Unterlagen in elektronischer Form sowie zum Datenzugriff (GoBD) geben klare Anweisungen. E-Mails müssen revisionssicher und gesetzeskonform aufbewahrt werden. Dieser kurze Satz birgt jedoch eine Menge Arbeit. Lassen Sie uns das kurz durchgehen, und danach sollte der Schrecken nachlassen. Was bedeutet revisionssicher? E-Mails, die eingehen oder versendet werden, müssen archiviert werden, damit niemand sie löschen oder manipulieren kann. Ja, es ist nicht erforderlich, alle aufzubewahren, aber das Filtern gestaltet sich schwierig, da dies elektronisch geschieht. Wie sollen Sie elektronisch filtern? Sie können es nicht, denn Sie müssen es manipulationssicher aufbewahren. Das ist nur möglich, wenn Sie alles sichern. Also müssen Sie alles archivieren. E-Mails müssen elektronisch aufbewahrt werden. Einige E-Mail-Programme können Backups erstellen, aber das reicht nicht aus. Das Ablegen der Daten an einem Ort reicht nicht, da sie manipulierbar wären. Sie haben Ihr E-Mail-Programm, Sie haben auf Backup geklickt und haben nun eines erstellt. Jetzt komme ich, nehme das Backup und lese es ein. Ich spiele es zurück, stelle es wieder her.

Dann lösche ich 20 Elemente, erstelle wieder das Backup, lege es hin und sage:

"So, das Backup ist doch noch da."

Also ist es nicht manipulationssicher.

Wenn Du dir den Abschnitt zur E-Mail-Adresse durchgelesen hast, hast du vielleicht bemerkt, dass ich von GMX, Web, Mail, Gmail usw. Adressen abgeraten habe. Dies liegt daran, dass diese Adressen nicht nur unprofessionell aussehen, sondern auch dazu führen können, dass Sie E-Mails nicht oder nur schlecht archivieren können. Dies erfordert möglicherweise eine zusätzliche Softwareinstallation, was die Dinge komplizierter macht.

Stellen Sie sich vor, Sie haben Ihr Büro zu Hause, Ihren Arbeitsplatz, wo geschäftliche E-Mails eingehen, sei es auf einem PC oder Laptop. Dort beantworten Sie Ihre E-Mails, das Programm ist installiert, alles ist großartig. Nun haben Sie aber auch Ihr Smartphone unterwegs, und Ihre E-Mails werden immer noch empfangen! Sie beantworten eine E-Mail von Ihrem Smartphone aus. Aber Sie haben die Archivierungssoftware nicht auf dem Smartphone. Wie archivieren Sie also die E-Mail, die Sie von Ihrem Smartphone aus versenden? Gar nicht. Das macht es also nicht immer rechtssicher und kann zu Strafen führen.

Hier mein Tipp: Was habe ich gemacht? Ich habe meinen Hosting Anbieter gewechselt und auf Microsoft 365 umgestellt. Ich habe mir einen Account besorgt und archiviere dort meine E-Mails rechtssicher. Das ist nur ein Beispiel, aber es funktioniert, und ich bin zufrieden. Ich kann von überall aus E-Mails senden, sie werden archiviert, und alles ist in Ordnung.

Wenn Mitarbeiter private E-Mails über ihren Geschäftsaccount schreiben, können erhebliche Datenschutzprobleme auftreten. Um dies zu vermeiden, sollten Sie Ihre Mitarbeiter darauf hinweisen, dass private E-Mails nicht über geschäftliche Konten versendet werden dürfen. Das Surfen im Internet für private Zwecke muss ebenfalls untersagt werden. Möglicherweise setzen Sie Hilfsmittel wie Proxy-Server ein, um dies zu kontrollieren. Datenschutz ist auch hier ein wichtiges Thema, das schriftlich eingefordert und festgehalten werden sollte. So vermeiden Sie Angriffsflächen.

Spartipps:
Steuern, Buchhaltung und Mahnung

Das eingenommene Geld gehört nicht dir – das solltest du als Faustregel im Hinterkopf behalten. Sage sich selbst: 50 % sind weg. Anfänglich mochte ich nicht glauben, wenn die Buchhaltung mir mitteilte, wie viel Steuern zu zahlen sind. Doch mit der Zeit erkannte ich, dass der Kunde die Steuern bezahlt hat, nicht ich. Streite dich nicht mit dem Finanzamt, es lohnt sich nicht. Dein Konto kann schneller dicht sein als ein Jugendlicher auf seinem 18. Geburtstag – meistens passiert so etwas freitags, und dann kannst du dein Wochenende vergessen. Viele kommen am Jahresende auf die Idee, schnell noch Geld auszugeben, um Steuern zu sparen. Aber sparst du wirklich? Lassen wir es nüchtern betrachten: Du kaufst schnell etwas für 119 €, um 19 € zu sparen, gibst aber immer noch 100 € aus. Ist das wirklich sparen?

Sprich mit deinem Steuerberater oder Buchhaltungsbüro; möglicherweise gibt es andere Wege, Einsparungen zu erzielen. Du musst nicht sofort eine teure Steuerberatung in Anspruch nehmen. Du kannst Geld sparen, indem du einen Buchhaltungsservice beauftragst, der deine laufenden Geschäftsvorfälle verbucht. Diese Dienstleister sind oft kostengünstiger, da sie keine feste Preisstruktur haben. Aber sei vorsichtig, es gibt verschiedene Abrechnungsmodelle. Stundenlohn ist eins davon, aber wie effizient sind sie bei der Buchhaltung? Gibt es Dienstleister, die umsatzabhängig abrechnen? Hier stellt sich die Frage: Was hat dein Umsatz mit deinen Buchungen zu tun? Die ehrlichste Abrechnungsform ist meiner Meinung nach die nach Buchungssätzen. Wenn doch einmal ein Steuerberater erforderlich ist, arbeiten die meisten mit einem zusammen – das hat auch seine Vorteile. Du musst dich um nichts kümmern und sparst Zeit.

Lass es nicht auf Mahnungen ankommen; sie kosten unnötig Geld. Nutze ein Konto, wenn es eins gibt. Wann bekommst du schon 2 % Zinsen?

Spartipps Internet

Für deinen Shop benötigst du ein rechtssicheres Impressum und Allgemeine Geschäftsbedingungen (AGB). Bitte nicht AGB sagen, es heißt Allgemeine Geschäftsbedingungen. Dein Shop sollte auf Rechtssicherheit geprüft werden – das kannst du selbst erledigen. Anwälte müssen dies prüfen, und das kostet viel Geld. Es ist einfacher mit Anbietern, die sich darauf spezialisiert haben, wie Händlerbund, eRecht24, etc. Diese bieten dir für wenig Geld rechtliche Texte, Beratung durch die Kanzlei, Impressum und vieles mehr. Du hast keinen Stress, und wenn doch etwas passiert, hast du jemanden an deiner Seite. Du musst dich auch um deinen Job kümmern, Updates usw. Denke immer an die Datensicherheit – du hast Kundendaten, und die müssen geschützt werden. Wenn du zwei oder drei Updates hinterherhinkst, ist das fahrlässig. Wenn du einen Programmierer oder eine Agentur hast, die sich um deinen Job kümmert, kostet das viel Geld. Eine Alternative ist das Mieten eines Shops. Es gibt Anbieter, die sich um die gesamte technische Seite kümmern, während du dich auf den Inhalt, also deine Produkte, konzentrierst.

Suchmaschinenoptimierung (SEO) für deine Internetseite und deinen Shop ist entscheidend. Nutze Angebote auf Marktplätzen, um am Anfang viel für wenig Geld zu bekommen.

Spartipps im Bereich IT

Wie bereits erwähnt, ist die Integration von IT unverzichtbar. Du musst die Position nicht unmittelbar besetzen; ziehe stattdessen eine externe Firma hinzu. Doch Vorsicht! Einige Unternehmen hinken in puncto IT der aktuellen Entwicklung hinterher. Suche nach verschiedenen Angeboten. Natürlich kannst du auch auf lokale Empfehlungen hören, aber sei ehrlich – nur weil jemand zehn Jahre lang eine Computerzeitschrift abonniert hat, macht ihn das nicht zum Administrator. Die Suche nach den Richtigen gestaltet sich schwierig, da es keine perfekte Lösung gibt. Ein sorgfältiger Vergleich ist unerlässlich. Wenn dein Unternehmen gewachsen ist, überlege, ob du die IT-Position nicht intern besetzen kannst. In vielen Fällen ist dies kostengünstiger. Vermeide die Besetzung einer Position, die die IT nebenbei betreut. Das Geld kannst du genauso gut verschenken – und das meine ich ernst. In der heutigen Zeit ist die Bedeutung der IT enorm und wird ständig wichtiger. Aus Erfahrung kann ich sagen, dass mindestens 100 Unternehmen in meinem Umfeld durch den Einsatz von IT um 30 % effizienter wären. Dies ist eine Wette, die ich jederzeit eingehen würde.

Ein Beispiel verdeutlicht dies noch besser: Betrachten wir den Bereich Sanitär. Angenommen, du hast fünf oder sechs Monteure. Dein Unternehmen wächst, und alles läuft super. Stell dir vor, du stattest jeden Monteur mit einem Tablet aus. Der Monteur schreibt, was er getan hat, welches Material verwendet wurde, und loggt dann aus. Diese Daten erscheinen sofort für die entsprechenden Kollegen, die sie überprüfen und direkt an die Warenwirtschaft weiterleiten können. So kann sofort eine Rechnung erstellt werden. Du siehst, es gibt zahlreiche Möglichkeiten, die Effizienz durch den Einsatz von IT zu steigern. Auch in anderen Berufen kannst du dies in irgendeiner Form umsetzen.

Natürlich birgt die IT auch Risiken, aber hier kommt es darauf an, ob deine IT-Stelle ausreichend besetzt ist. Hast du jemanden, der sich direkt darum kümmern kann, oder hast du es ausgelagert? Diese Entscheidung kannst du je nach Größe deines Unternehmens treffen. Nutze die IT zu deinem Vorteil.

Spartipps Ausstattung

Wenn du ein physisches Geschäft betreibst, muss die Ausstattung nicht zwangsläufig teuer sein. Hierzu eine Anekdote: Ich habe einmal eine Diskothek betreut, deren DJ-Pult aus leeren Kästen gebaut wurde. Ein wenig Stoff darüber, und es sah von außen sehr hochwertig aus. Es war jedoch bei weitem günstiger als Holz oder andere Materialien und bot zudem Flexibilität. Dieses Wissen hat uns viel Geld erspart. Der Wunsch nach einem schicken und kundenfreundlichen Design ist verständlich, aber bedenke: Die Zielgruppe ist entscheidend. Wenn du einen Laden für die oberen 5000 eröffnen möchtest, dann strebe natürlich Luxus an. Wenn jedoch der durchschnittliche Bürger deine Zielgruppe ist, kannst du es einfach gut aussehen lassen – von außen ansprechend, innen preiswert. Ein weiterer Punkt ist die Zielgruppe. Hier eine Ergänzung: Ich habe in diesem Bereich wirklich viel Geld ausgegeben, um zu erkennen, dass die Menschen immer ein schönes und edles Ambiente wollen, jedoch nicht bereit sind, dafür mehr Geld auszugeben. Ein Laden, den wir betreut haben, wurde auf Hochglanz poliert, mit erstklassigem Service und allem Drum und Dran. Am Ende brachte es jedoch keine Punkte. Die Leute waren einfach nicht bereit, das Geld dafür auszugeben.

Spartipps Versicherungen:

Sprich mit deinem Versicherungsmakler. Wie bereits festgestellt, benötigst du Versicherungen – das ist unumgänglich. Hier ist ein weiterer Tipp: Nutze Versicherungspakete. Wenn du privat bei einem Versicherungsunternehmen versichert bist, musst du nicht zwangsläufig zu einem anderen Unternehmen gehen. Dein Versicherungsmakler kann sogar Rabatte herausholen, wenn du alles kombinierst. Es ist durchaus möglich, durch die Bündelung mehrerer Versicherungen wirklich gute Rabatte zu erhalten. Manchmal sind Versicherungspakete auch günstiger als einzelne Versicherungen. Sprich daher unbedingt mit deinem Versicherungsmakler.

Spartipps Kredit:

Wenn du kurzfristig mehr finanziellen Spielraum benötigst, kannst du den Kontokorrentkredit, auch Dispo genannt, privat nutzen. Dieser ist jedoch in der Regel mit sehr hohen Zinsen verbunden. Alternativ kannst du mehrere Kreditkarten nutzen, um diese finanzielle Lücke zu decken. Es gibt Anbieter, bei denen du bis zu 60 Tage zinsfreie Rückzahlpausen hast. Das kann durchaus helfen. Beachte jedoch, dass es teuer werden kann, wenn du das Konto nicht rechtzeitig ausgleichst. Speichere dir einen Termin ein und nutze am besten eine Tabelle, um einen klaren Überblick über die fälligen Beiträge zu haben. Beachte dabei, dass dies eine kurzfristige Lösung ist – maximal für 60 Tage. Es ist wichtig zu wissen, dass du innerhalb dieses Zeitraums das Geld erhältst, beispielsweise für den Kauf neuer Ware oder Materialien.

Spartipps Auto:

Das Auto, des Deutschen liebstes Kind. Zu Beginn deiner Selbstständigkeit ist es für den Kunden unwichtig, mit welchem Auto du vorfährst. Es ist ihm sogar egal. Du könntest dir den Luxus-Supertransporter von Mercedes kaufen, oder einfach den kostengünstigen Dacia wählen. Letzteren könntest du in ein oder zwei Jahren abzahlen. Überlege, ob Mieten eine Option ist. Leasen oder kaufen – du musst einfach schauen, wie am Ende deine Kosten aussehen. Erstelle dazu eine Tabelle und trage alle Kosten ein. Bei einer Miete übernimmt die Vermieterfirma die Werkstattkosten, Steuern und Versicherung. Du musst dich lediglich um ausreichend Sprit kümmern. Ein Tipp: Wenn du einen Anhänger mit Anhängerkupplung mietest, kannst du deine Firmensachen bequem transportieren und sogar das Auto privat nutzen. Beim Lesen kann es anders aussehen, hier musst du die Leasingraten, Reparaturen und andere Aspekte berücksichtigen. Beim Kauf ist es einfach – nimm den kostengünstigen Dacia und rechne für dich aus, was am besten passt.

Spartipps Menge:

Je größer die Gruppe, desto kleiner der Preis. Wenn du Materialien benötigst, überlege, ob es sinnvoller ist, gleich mehr davon einzukaufen. Hier eine kleine Geschichte zur Veranschaulichung: Erinnern wir uns an die Aufkleber, die ich verkauft habe. Dafür benötigte ich Folie, die ich beim Großhändler erwarb. Damals konnte ich jedoch nicht besonders gut mit Geld umgehen und hatte nur für wenige Meter genug Budget. Hätte ich jedoch klug gehandelt, hätte ich gleich drei oder fünf Rollen in einer bestimmten Farbe kaufen sollen. Zu einem bestimmten Zeitpunkt weißt du genau, welche Farben besonders gefragt sind, zum Beispiel Silber, Weiß und Schwarz. Das sind die Klassiker. Theoretisch hätte ich dem Großhändler sagen können: "Ich hätte gerne fünf Rollen in Weiß, fünf Rollen in Schwarz und fünf Rollen in Silber." Dann hätte er möglicherweise einen Rabatt gewährt. Dadurch hätte ich meine Einkaufskosten gesenkt und mehr Gewinn erzielt. Leider war ich zu dieser Zeit nicht so klug. Die Botschaft hier ist: Wenn du Schrauben benötigst, kaufe nicht nur 100 Stück, sondern schaue, ob du vielleicht 1000, 10.000 oder mehr bestellen kannst. Dadurch senkst du deinen Einkaufspreis, und dein Verkaufspreis bleibt gleich, aber deine Gewinnmarge steigt. Achte darauf, nicht zu viel zu kaufen, da es nichts bringt, wenn du Unmengen von Schrauben hast, die du nicht benötigst.

Spartipps Werbung:

Ich hatte euch den Tipp gegeben. Fangt mit Flyern an! Flyer sind eine kostengünstige Werbemaßnahme. Frage deine Freunde oder Familie, ob sie dir helfen können, Flyer zu verteilen. Als Belohnung könnt ihr anschließend gemeinsam essen und trinken. Das kann alles bei dir zu Hause stattfinden und kostet nicht viel Geld. Wenn deine Freunde und Familie Auto fahren, könnten sie Flyer bei Tankstellen oder Werkstätten platzieren. Ein Aufkleber am Auto ist ebenfalls eine preiswerte Werbemöglichkeit. Du könntest auch deinen Lieblingsitaliener fragen, ob er Flyer auf die Lieferkartons drucken kann. Sei kreativ und kommuniziere mit den Menschen in deinem Umfeld, um Werbemöglichkeiten zu nutzen. Selbst beim Verkauf über Marktplätze könntest du einen Flyer mit in das Paket legen und eine Gutscheinnummer darauf vermerken.

Spartipps Branchenbucheinträge

Nachdem deine Firma eingetragen ist, könntest du Briefe erhalten, jedoch nicht irgendeine Post, sondern fragwürdige Unternehmenseintragungen in verschiedenen Verzeichnissen. Diese Briefe wirken offiziell, sind es aber nicht. Sie verlangen Beträge zwischen 300 und 800 €. Im Kleingedruckten steht jedoch, dass es sich um einen freiwilligen Beitrag handelt, den du nicht bezahlen musst. Obwohl sie sehr offiziell aussehen, sind sie nicht verpflichtend. Das Beste, was du mit solchen Briefen machen kannst: Wegwerfen.

Der Businessplan

Nachdem du alle vorherigen Schritte erledigt und durchdacht hast, wie ich sie dir bisher dargestellt und erläutert habe, steht nun das Verfassen des Businessplans an. Gewiss, bei dem ein oder anderen Punkt wirst du noch Feinheiten überarbeiten müssen. Ein wichtiger Aspekt ist die Kalkulation. Insbesondere bei der Erstellung eines Businessplans für die Bank oder ähnliche Institutionen möchten sie gerne, dass du deinen Umsatzplan sorgfältig ausarbeitest – dass du, wie ich es liebevoll nenne, in die Zukunft "würfelst" und für die kommenden drei Jahre kalkulierst. Diese Vorgabe mag zwar akzeptabel sein, besonders wenn du auf Kredite angewiesen bist und dies im Businessplan festhalten musst. Hierbei sind Formeln und Methoden gefragt, um diese dreijährige Prognose aufzustellen. Doch persönlich betrachtet sind diese drei Jahre so viel wert wie das Papier, auf dem sie gedruckt sind. Offen gesagt halte ich dies für Kaffeesatzleserei, da niemand mit Sicherheit wissen kann, was in drei Jahren geschieht. Es gibt Unwägbarkeiten, die ich nicht berücksichtigen kann, und das ist Fakt. Vermeide in solchen Finanzplänen genaue Ursachen für unvorhergesehene Ausgaben. Banken mögen keine unvorhergesehenen Kosten, doch sie existieren. Allerdings dürfen diese nicht offen deklariert werden. Man muss sie geschickt verbergen, beispielsweise durch die Darstellung einer vermeintlichen Investition oder Notwendigkeit, die in Wirklichkeit nicht existiert, aber dennoch als Puffer dienen soll.

Die Unflexibilität der Banken resultiert meiner Ansicht nach aus ihrer Unkenntnis der komplexen Variablen im Versandbereich, die ich dir bereits aufgezeigt habe, um Kosten zu sparen. Doch der Anfang ist gemacht. Du hast die passende Unternehmensform ausgewählt, weißt, welche Fördermöglichkeiten dir zur Verfügung stehen, und dass du nicht alleine dastehst. Die Grundlagen der Kalkulation, wenn auch nicht im kleinste Detail, sind dir bekannt. Du weißt, auf welche Kosten du achten musst. Auch im Bereich Werbung bist du nun versiert – wo du investieren kannst, um Kosten zu sparen. Du erkennst, was mit Werbung möglich ist, und verstehst, dass es zielgruppenabhängig ist, wo du Print- oder digitale Medien einsetzen solltest.

Zusammenfassung:

Die Wertigkeit von Erfahrungen, Tipps und offen mitgeteilten Fehlern ist unbestreitbar. Man könnte argumentieren, dass diese Ratschläge im Voraus bekannt sein sollten, doch das Konzept des „postmortalen Klugscheißern" ist unrealistisch und nicht zielführend. Wichtiger noch ist, dass diese Informationen vorher nicht bekannt waren. Hättest du mir im Jahr 2001 alles erzählt, hätte ich viele meiner Fehler vermeiden können, und die Dinge hätten sich anders entwickelt. Doch ich habe dir meine Erfahrungen mitgeteilt. Daher ist es entscheidend, ähnliche Fehler und Investitionsfallen zu vermeiden. Bei Fragen oder Themen, die noch besprochen werden müssen, steht das Kontaktformular zur Verfügung. Ich kann nicht sofort antworten und darf auch keine konkreten Antworten geben, um rechtlichen Fallstricken zu entgehen. Alles, was ich hier im Kurs erzählt habe, basiert auf meinen persönlichen Erfahrungen. Im Normalfall kann ich meine Aussagen nachweisen. Es geht mir nicht darum, mich als den Besten darzustellen. Ich habe Fehler gemacht und werde weiterhin welche machen. Die Essenz liegt darin, dass ihr diese Fehler nicht wiederholt. Falls ihr eigene Erfahrungen teilen möchtet, stehe ich für Gespräche bereit, und der Kurs kann gegebenenfalls aktualisiert werden. Ich hoffe, deine Erwartungen wurden erfüllt und wünsche dir viel Erfolg in der Selbstständigkeit und bei deinem Unternehmen. Wenn du einmal die erste Million erreichst, denke an mich – wir können dann gemeinsam schick essen gehen. Bezahle du, zwinkernd, und wir können über alles plaudern. Ich bin offen für weitere Entwicklungen und Erfahrungen, die ich mit euch teilen kann.

Microapp Deutschland GmbH
Ehrenfried-Jopp-Str. 81
15517 Fürstenwalde

deinefirma24.de

info@deinefirma24.de

Printed in Great Britain
by Amazon

38150937R00046